発達障害のある高校生の

キャリア教育・進路指導 ハンドブック

榎本容子・井上秀和 編著

進学支援編

はじめに

【本書のねらい・読者層】

本書は、「高等学校に在籍する発達障害のある生徒に対し、卒業後の進学（本書では特に大学に着目）を見据えつつ、キャリア教育や進路指導を適切に進めるために必要な基礎知識」をわかりやすく簡潔に概説することをねらいとしています。

本書の主な読者層としては「高等学校の教員」を想定していますが、「生徒の保護者、大学関係者」等にも参考になるものと考えています。

【本書の趣旨】

発達障害がある場合、高等学校卒業後、進学先や就労先で困難を抱えるケースも少なくなく、学校段階からの卒業後を見据えたキャリア教育や進路指導の充実が望まれています。このような指導・支援にあたっては、例えば、発達障害のある生徒の特性や困りごと、障害特性に配慮したキャリア教育や進路指導の進め方、障害のある生徒の多様な進路選択肢（例えば、進学か就労か、就労の場合は一般雇用か障害者雇用か、就労前に専門機関を利用するか、進学の場合は、学部をどのように選定するか）など、幅広い知識が必要となります。

しかし、現状では、そうした知識が網羅的に整理された書籍は見当たりません。そのため、現場実践のスキマ時間に、発達障害のある生徒のキャリア教育・進路指導に向けた基礎知識を、理論から実践まで、できるだけ負担なく得られるような「入門的な手引書」が必要と考えました。この際、卒業後の進路が就労と進学の場合とでは、必要な知識はやや異なってきます。そのため、書籍は「就労支援編」と「進学支援編」の2巻構成としました。両巻は、一部共通する情報を含みますが、できるだけそれぞれの進路選択肢に応じた情報を含められるよう留意しています。

具体的には「発達障害」や「現行の学習指導要領のポイント」「特別支援教育」については、共通して知っておくべき情報なので、「序」として共通して配置しています。

なお、キャリア教育・進路指導の基本的理論は、就労・進学にかかわらず、共通性がありますが、構成の制約上「キャリア教育」については就労支援編に、「進路指導」については進学支援編にて解説しています。各編のみでも指導・支援にあたっては問題がないよう構成していますが、両編を合わせてご覧いただくことでより知識が深まると考えます。

【本書における用語の定義】

本書では、学校卒業後についても取り扱っています。働くことについて、「就労」「就職」「就業」など、複数の用語を用いています。主として、仕事に就くことに焦点を当てている場合には「就職」、入職後の生活までも見据えている場合は「就労」、実際の仕事を体験する等の文脈では「就業」という表現を用いています。

【本書の構成】

本書は「進学支援編」となります。内容は、「序　障害のある生徒の指導・支援の基礎理解（就労支援編・進学支援編共通）」、「パート1　押さえておきたい指導・支援のポイント」「パート2　知っておきたい制度・施策と大学の取り組み」「パート3　もっと知りたい学校での実践のポイント」の4部構成としており、発達障害のある生徒の進学とその後を見据えたキャリア教育・進

知りたいこと	本書の内容例
●学校卒業後に、進学先で直面する困難について知りたい ●進学に向けて期待されている指導・支援について知りたい （自己理解を深める指導など知りたいなど）	例えば… 序　　　障害のある生徒の指導・支援の基礎理解 パート1　押さえておきたい指導・支援のポイント 進学を見据えた高等学校段階での指導・支援 　1．進路指導のポイントを教えてください 　2．進学先で直面する困りごとを教えてください 　3．進学に向けて高等学校で期待される指導・支援について教えてください
●進学に向けて大学受験の準備について知りたい ●進学後に受けられる支援について知りたい	例えば… パート2　知っておきたい制度・施策と大学の取り組み 大学進学や修学に関する施策と大学の取り組み 　1．大学受験時や入学後の合理的配慮申請について教えてください 　2．大学入学後はどのような就学支援をしてもらえるか教えてください 　3．大学入学後はどのようなキャリア教育、就労支援をしてもらえるか教えてください 　4．大学と就労支援機関との連携について教えてください
●進学事例についてイメージを深めたい	例えば… パート3　もっと知りたい学校での実践のポイント 進学事例から 　1．進学についてイメージできる事例を教えてください 　　〜Kさんの場合〜 　2．家庭との連携とポイントを教えてください 　3．事例のポイント解説
●進学に向けて、普段疑問に思っていることを知りたい（大学生活と高校生活の違い、適性に合わない学科を希望している場合、大学への情報の引き継ぎについて知りたいなど）	例えば… パート1　押さえておきたい指導・支援のポイント 進学を見据えた高等学校段階での指導・支援 　4．ここが知りたい大学進学Q&A
●特別支援教育について知りたい ●キャリア教育・進路指導について知りたい ※進学支援編・就労支援編共通	例えば… パート2　知っておきたい制度・施策と大学の取り組み 大学進学や修学に関する施策と大学の取り組み 　1．大学受験時や入学後の合理的配慮申請について教えてください 　2．大学入学後はどのような就学支援をしてもらえるか教えてください 　3．大学入学後はどのようなキャリア教育、就労支援をしてもらえるか教えてください 　4．大学と就労支援機関との連携について教えてください
●学校の組織体制、教育課程について知りたい ●保護者との連携について知りたい ●関係機関との連携について知りたい	パート3　もっと知りたい学校での実践のポイント 高等学校での実践例から 　1．全日制高校普通科での取り組みを教えてください（半数以上の生徒が進学を希望） 　2．全日制高校普通科での取り組みを教えてください（在籍生徒の半数に満たない生徒が進学を希望） 　3．全日制高校専門学科での取り組みを教えてください（一部の生徒が進学を希望） ［資料］進学時に役立つガイド・資料等の紹介

路指導に向けて必要となる基礎知識を、制度・施策から指導・支援に関する内容まで網羅的に取りまとめています。

　また、各項では、ポイントを押さえた説明文と、内容理解を深めるための図表や資料から構成し、視覚的にもわかりやすく解説しました。一方で、途中、コラムという形で、知識を広げていくためのヒントを示しています。

【本書の特色】

　本書は、学校教育から卒業後まで幅広い知識を取りまとめるうえで、各分野の専門家に執筆協力を得て作成しています。また、一つの書籍としての読みやすさを高めるために、編者が各原稿について全体的視点から編集作業を行っています。専門的な知識について、各原稿の関連性も踏まえつつ、できるだけわかりやすくお伝えできるよう配慮しました。

　また、本書の内容は、教員から寄せられることが多い質問を意識して構成しています。参考までに、本書の内容を一部ご紹介します。

【読者のみなさまへ】

　本書は、発達障害のある高校生のキャリア教育・進路指導にあたり、入門的な手引書となります。本書の特質から、現場での指導・支援について、細かな手ほどきを行うことはできませんが、まずは本書により、指導・支援を進めるうえでの理論的な背景を押さえ、指導・支援を進めるうえでのヒントを得ていただけましたら幸いです。これにより、発達障害のある高校生に対する、卒業後の進学、そして、その後いずれ直面することとなる就労まで見据えた指導・支援の進展に向けた一助となることを願っています。

榎本容子

＊付記
本書の取りまとめにあたっては、筆頭編者である榎本の科学研究費助成事業等の研究成果を活用しています。このため、成果還元の一環（非営利活動）として、筆頭編者としての活動に取り組みました。これまで、各種研究にご協力いただいた皆様に心より感謝申し上げます。

はじめに　　　　　榎本容子 3

序 障害のある生徒の指導・支援の基礎理解 9

発達障害とは 10

発達障害の基礎　井上秀和 10

発達障害のある生徒が困っていること　井上秀和 12

発達障害のある生徒への指導・支援のポイント　井上秀和 14

教育制度・施策を知る 16

学習指導要領の基礎　宇野宏之祐 16

特別支援教育のポイント　宇野宏之祐 20

「序」引用・参考文献 26

パート1　押さえておきたい指導・支援のポイント 27

進学を見据えた高等学校段階での指導・支援 28

1　進路指導のポイントを教えてください　井上秀和 28

2　進学先で直面する困りごとを教えてください　井戸智子 33

3　進学に向けて高等学校で期待される指導・支援について教えてください
　　　　　　榎本容子 38

〈コラム①〉　発達障害のある学生への修学支援の状況　清野 絵 44

〈コラム②〉　大学の支援者の困りごと　清野 絵 45

4　ここが知りたい大学進学支援 Q&A　安藤美恵 46

〈コラム③〉　大学入学前までに身につけたい力　安藤美恵 52

〈コラム④〉　大学入学後のフォローアップ　安藤美恵 53

〈コラム⑤〉　特別支援学校のセンター機能を活用した進学支援　宇野宏之祐 ………… 54

〈コラム⑥〉　個別の教育支援計画の引継ぎ　宇野宏之祐 ………………………………… 55

「パート1」引用・参考文献 ………………………………………………………………… 56

パート2　知っておきたい制度・施策と大学の取り組み ─── 57

大学進学や修学に関する施策と大学の取り組み ────────── 58

1 大学受験時や入学後の合理的配慮申請について教えてください
　　　　　　井上秀和 ………………………………………………………………………… 58

〈コラム⑦〉　受験時の合理的配慮申請に向けた指導事例①　井上秀和 ………… 64

〈コラム⑧〉　受験時の合理的配慮申請に向けた指導事例②　井上秀和 ………… 65

2 大学入学後はどのような修学支援をしてもらえるか教えてください
　　　　　　安藤美恵 ………………………………………………………………………… 66

〈コラム⑨〉　学務課〈大学の支援部署①〉　安藤美恵 ……………………………… 70

〈コラム⑩〉　障害学生支援室など〈大学の支援部署②〉　安藤美恵 ……………… 71

3 大学入学後はどのようなキャリア教育、就労支援をしてもらえるか
　　教えてください　井戸智子 …………………………………………………………… 72

〈コラム⑪〉　キャリアセンター〈大学の支援部署③〉　井戸智子 ………………… 78

〈コラム⑫〉　大学内連携に向けて　井戸智子 ……………………………………… 79

〈コラム⑬〉　特別支援教育コーディネーターと連携した進学支援　若林上総 … 80

4 大学と就労支援機関との連携について教えてください　知名青子 ……… 81

〈コラム⑭〉　大学と就労支援機関の連携　井戸智子 ……………………………… 86

〈コラム⑮〉　大学と企業の連携　井戸智子 ………………………………………… 87

「パート2」引用・参考文献 ………………………………………………………………… 88

パート3　もっと知りたい学校での実践のポイント ……………89

高等学校での実践例から ……………………………………… 90

1　全日制高校普通科での取り組みを教えてください
（半数以上の生徒が進学を希望）　井上秀和 …………… 90

2　全日制高校普通科での取り組みを教えてください
（在籍生徒の半数に満たない生徒が進学を希望）　井上秀和 …………… 96

3　全日制高校専門学科での取り組みを教えてください　井上秀和 ………… 101

〈コラム⑯〉　**進学先への円滑な移行を支える取り組み**
── 大学と高等学校とのギャップの克服に向けて　若林上総 ………… 106

〈コラム⑰〉　**「通級による指導」を通じた進学先への円滑な移行を支える取り組み**
── 自ら支援を求められる力を育むために　佐藤利正 ………… 107

進学事例から ……………………………………………… 108

1　進学についてイメージできる事例を教えてください（Kさんの場合）　辛島育代 ‥ 108

2　家庭との連携のポイントを教えてください　辛島育代 ………… 113

3　事例のポイント解説（Kさんの事例から）　井上秀和 ………… 114

〈コラム⑱〉　**担当教員からのメッセージ**　井上秀和 ………… 116

〈コラム⑲〉　**Kさんからのメッセージ**　辛島育代 ………… 117

〈コラム⑳〉　**進学支援について情報が得られる公的サイト**　清野　絵 ………… 118

[資料] **進学時に役立つガイド・資料等の紹介**　榎本容子 ………… 119

「パート3」引用・参考文献 ………… 120

巻末資料1　キャリア教育・進路指導の充実に向けて参考となる資料　榎本容子 ‥ 121

巻末資料2　学習指導要領の改訂の背景
──キャリア教育・進路指導の充実に向けて──　宇野宏之祐 ………… 123

あとがき　井上秀和 ……………………………………… 126

執筆者一覧 ……………………………………………………… 127

障害のある生徒の
指導・支援の基礎理解

　ここでは、「発達障害」や「現行の学習指導要領のポイント」「特別支援教育」など、障害のある生徒にキャリア教育・進路指導を行ううえでの前提として、就労支援・進学支援に共通して知っておきたい情報について解説します。

＊「発達障害のある高校生のキャリア教育・進路指導ハンドブック〈就労支援編〉」と共通の内容となっています。

発達障害とは

発達障害の基礎

読み書きや計算など学習面の困難さや、不注意や対人関係を築きにくいといった行動面、社会面の困難さなどがある生徒の中には、発達障害の可能性がある生徒が含まれています。発達障害のある生徒の困りごとに着目する際は、生徒の障害が医学的な診断や、法律、教育的な判断など、何に基づいているのかを確認する必要があります。

医学的な診断

医学的な診断には、アメリカ精神医学会が作成した「精神疾患の診断・統計マニュアルDSM（Diagnostic and Statistical Manual of Mental Disorders）」や、世界保健機構（WHO）が作成した「疾病及び関連保健問題の国際統計分類（International Statistical Classification of Diseases and Related Health Problems）」があります。

2023（令和5）年3月現在、精神疾患の診断・統計マニュアルは、第5版となるDSM-5が発表され（2013（平成25）年）、わが国において適用が済んでいます。また、疾病および関連保健問題の国際統計分類は、ICD-11が公表され（2018（平成30）年）、適用に向けた準備が進んでいます。

法律による規定

発達障害者支援法には、発達障害が以下のように定義されています。

第二条
この法律において「発達障害」とは、自閉症、アスペルガー症候群その他の広汎性発達障害、学習障害、注意欠陥多動性障害その他これに類する脳機能の障害であってその症状が通常低年齢において発現するものとして政令で定めるものをいう。
2
この法律において「発達障害者」とは、発達障害がある者であって発達障害及び社会的障壁により日常生活又は社会生活に制限を受けるものをいい、「発達障害児」とは、発達障害者のうち十八歳未満のものをいう。

教育的な判断

　学校教育においては、2021（令和3）年6月に改定された文部科学省の「障害のある子供の教育支援の手引〜子供たち一人一人の教育的ニーズを踏まえた学びの充実に向けて〜（以下、「教育支援の手引き」という）」の中で整理されています。以下、教育支援の手引きに示される内容を紹介します。

＜学習障害（Learning Disabilities：LD）＞

　学習障害とは、全般的に知的発達に遅れはないが、聞く、話す、読む、書く、計算する、または推論するといった学習に必要な基礎的な能力のうち、一つないし複数の特定の能力についてなかなか習得できなかったり、うまく発揮することができなかったりすることによって、学習上、さまざまな困難に直面している状態をいう。

＜注意欠如・多動症（Attention-Deficit/Hyperactivity Disorder：ADHD）＞

　注意欠陥多動性障害とは、身の回りの特定のものに意識を集中させる脳の働きである注意力にさまざまな問題があり、または、衝動的で落ち着きのない行動により、生活上、さまざまな困難に直面している状態をいう。

＜自閉スペクトラム症（Autism Spectrum Disorder：ASD）＞

　自閉症とは、①他者との社会的関係の形成の困難さ、②言葉の発達の遅れ、③興味や関心が狭く特定のものにこだわることを特徴とする発達の障害である。その特徴は3歳くらいまでに現れることが多いが、成人期に症状が顕在化することもある。中枢神経系に何らかの機能不全があると推定されている。

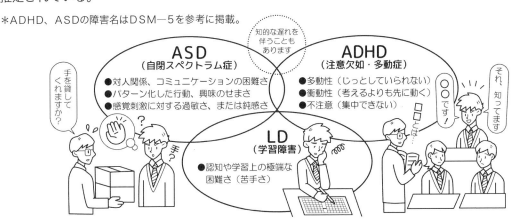

　ＤＳＭ−5の適用前は、自閉症については、知的発達の遅れを伴わないものが高機能自閉症、知的発達の遅れを伴わず、かつ自閉症の特徴のうち言葉の発達の遅れを伴わないものがアスペルガー症候群とされてきました。ＤＳＭ−5の適用後は、広汎性発達障害という用語が「自閉スペクトラム症／自閉症スペクトラム障害」に変更されました。本書では「自閉スペクトラム症」と表記します。

　また、ＡＤＨＤについては、ＤＳＭ−5において、「注意欠如・多動症／注意欠如・多動性障害」とされています。本書では「注意欠如・多動症」と表記します。

発達障害のある生徒が困っていること

発達障害のある生徒の困難さは、ＬＤ、ＡＤＨＤ、ＡＳＤの障害特性によるもののほか、学校生活や家庭生活、成長過程での周囲との関係性等が影響している場合があります。このため、障害特性に加え、学習面や行動面、社会性面等の側面から困難さに注目する必要があります。

以下では、発達障害教育推進センターのホームページ（http://cpedd.nise.go.jp/）を参考に、発達障害のある生徒の困りごとについて説明します。

「認知特性」「認知処理過程」「感覚過敏」などに注目する

2018（平成30）年に改訂された高等学校学習指導要領解説各教科編では、学習活動を行う場合に生じる困難さが異なることに留意し、個々の生徒の困難さに応じた指導内容や指導方法を工夫することが示されています。

発達障害のある生徒が困っていることを知るためには、読み書きや計算等の困難さや、注意の集中を持続することが苦手といった障害特性による困難さに加え、視覚や聴覚などの感覚器から入ったさまざまな情報を脳の中で「整理」「記憶」「理解」する『認知特性』や、情報を「整理」「記憶」「理解」するための『認知処理過程（継次処理や同時処理）』といった側面にも注目する必要があります。また、聴覚や視覚、触覚などの外部からの刺激が過剰に感じられ、不快に感じる「感覚過敏」にも留意する必要があります。

学習障害（LD）

学習障害（LD）の生徒は、知能検査等による全般的な知的発達の遅れがないものの、特定の教科等の教科学習において著しい遅れを生じる場合があります。また、得意な教科と苦手な教科の差が大きくなることもあります。この背景には、読み書きや計算等の困難さに加え、認知特性や、認知処理様式が影響していることがあります。

注意欠如・多動症（ADHD）

注意欠如・多動症（ADHD）の生徒は、忘れ物や紛失物が多かったり、授業中に集中が持続できずに、違うことを考えたり、ほかの行動に移ってしまい、内容についていけなくなったりすることがあります。また、作業や実習等において、作業の手順がわからなくなったり、危険を回避するための指示を忘れてしまったりするなど、周囲に影響を与えてしまうことがあります。

自閉スペクトラム症（ASD）

　自閉スペクトラム症（ASD）の生徒は、学習面に問題がない場合でも周囲の雰囲気に馴染めなかったり、相手の気持ちを読み取れずに発言したりすることで、周囲とトラブルになることがあります。また、予定の変更が苦手な場合もあります。

　例えば、注意欠如・多動症（ADHD）の生徒に、学習障害（LD）の生徒と同様の困難さが生じていることもあるため、障害にのみ注目するのではなく、学びの困難さに注目する必要があります。

　このほか、発達障害のある生徒の中には、発達障害の特性により、本人が意図していなくても、周囲からの否定的な反応を引き出しやすく、注意や叱責を受けることで不安を高めてしまうことがあります。また、周囲から適切な対応が行われなかった場合、学習活動への意欲や自己評価および自尊感情を過剰に低下させてしまうことがあります。このような場合、日々の学校生活における個別的な配慮に加え、通級による指導を利用するなど、個別的な指導や支援を検討する必要があります。

　障害のある生徒への指導や支援については、学習指導要領（平成 30 年告示）において、次のように示されています。

高等学校学習指導要領（平成 30 年告示）解説　各教科編
第 3 章 各科目にわたる指導計画の作成と内容の取扱い　1 指導計画作成上の配慮事項

> 　通常の学級においても、発達障害を含む障害のある生徒が在籍している可能性があることを前提に、全ての教科等において、一人一人の教育的ニーズに応じたきめ細かな指導や支援ができるよう、障害種別の指導の工夫のみならず、各教科等の学びの過程において考えられる困難さに対する指導の工夫の意図、手立てを明確にすることが重要である。
>
> 　これを踏まえ、今回の改訂では、障害のある生徒などの指導に当たっては、個々の生徒によって、<u>見えにくさ、聞こえにくさ、道具の操作の困難さ、移動上の制約、健康面や安全面での制約、発音のしにくさ、心理的な不安定、人間関係形成の困難さ、読み書きや計算等の困難さ、注意の集中を持続することが苦手</u>であることなど、学習活動を行う場合に生じる困難さが異なることに留意し、個々の児童の困難さに応じた指導内容や指導方法を工夫することを、各教科等において示している。　　　　　　　　　（下線は筆者が追記）

発達障害のある生徒への指導・支援のポイント

近年、高等学校においても特別な配慮を必要とする生徒が在籍しており、「集団における指導」として、「わかりやすい授業」としての授業のユニバーサル・デザイン等に取り組む学校や、「個別的な指導」として、通級による指導を導入する学校が増えています。

学級全体を対象とした授業のユニバーサル・デザインに関する取り組み

「わかりやすい授業」については、教室環境の整備や、「視覚化・焦点化・共有化」の視点からの授業実践、自分の学びを自分で舵がとれる学習者を育てるための、学習環境構築の枠組みなど、多くの取り組みがあります。例えば、教室環境の整備については、生徒が落ち着いて学習に取り組めるようにするために黒板の周辺や教室の掲示などの視覚的な刺激や、机や椅子にテニスボールを装着するなどの聴覚的な刺激、互いに刺激となる生徒の座席を配慮するなどの人的な刺激等の低減に向けた配慮が行われています。また、「視覚化・焦点化・共有化」の視点からの授業実践については、ICTを活用するなど視覚的な教材を積極的に活用したり、活動をシンプルに焦点化したり、周囲と考えを共有したりするなどの実践が行われています。さらに、すべての学習者が、学習に対する知識、技能、やる気を得ることを可能にするカリキュラムを設定するための枠組み（学びのユニバーサル・デザイン）に基づく実践もあります。

一人ひとりの生徒との対話

中央教育審議会答申（2021）で提言された「個別最適な学び」は、「指導の個別化」と「学習の個性化」に整理されており、児童生徒が自己調整しながら学習を進めていくことができるよう指導することの重要性が指摘されています。特に、「学習の個性化」について、生徒の興味・関心・キャリア形成の方向性等に応じ、「総合的な探究の時間」等において、課題の設定、情報の収集、整理・分析、まとめ・表現を行う等、教師が生徒一人ひとりに応じた学習活動や学習課題に取り組む機会を提供することで、生徒自身の学習が最適となるよう調整することの必要性が指摘されています。このようなことから、生徒の障害特性や認知特性、認知処理過程等を踏まえて、生徒の学びやすさに注目した指導・支援を行うことや、そのための生徒と教師の対話が必要になります。

自己理解を促す

また、発達障害のある生徒は、周囲から適切な対応が行われなかった場合、学習活動への意欲や自己評価および自尊感情を過剰に低下させてしまうことがあります。このため、生徒が将来に向けて自分の生き方を考えていくうえで、自身の特性の理解などの自己理解を促すことが必要で

す。ただし、生徒にとって困難さと向き合うことや、自らの困難さが障害に起因すると認めることは非常に難しいことがあります。障害特性の理解を促すことが、本人の自己理解の段階によっては苦しむ場合があることを、理解しておくことが重要です（文部科学省，2010）。

　高等学校で通級による指導を受けている生徒の場合、通級による指導で行われる自立活動の指導の一環として、生徒の自己理解の困難さへのアプローチを行うことも考えられます。これは、自立活動の内容に、「障害の特性の理解と生活環境の調整に関すること【区分：健康の保持】」（自己の障害にどのような特性があるのか理解し、それらが及ぼす学習上または生活上の困難についての理解を深め、その状況に応じて、自己の行動や感情を調整したり、他者に対して主体的に働きかけたりして、より学習や生活をしやすい環境にしていくこと）や、「自己の理解と行動の調整に関すること【区分：人間関係の形成】」（自分の得意なことや不得意なこと、自分の行動の特徴などを理解し、集団の中で状況に応じた行動ができるようになること）など自己理解に関わる項目が含まれるためです。【自立活動については、（22 頁）で解説】

　なお、発達障害のある生徒の自己理解の指導・支援にあたっては、国立特別支援教育総合研究所　発達・情緒班（2021）が作成したリーフレットの内容が参考となります。これは、通級による指導の担当者が自己理解に関する指導・支援を行ううえで特に重視していると回答した内容から作成されたものです。自己理解に関する指導・支援について下図の五つのポイントが示されるとともに、生徒の「こうなりたい」という願いを出発点とし、成功体験による自信の獲得や自己肯定感の向上を軸として、困難さと向き合う指導・支援を進めていくことの重要性が述べられています。

図　自己理解の指導・支援に関するポイント

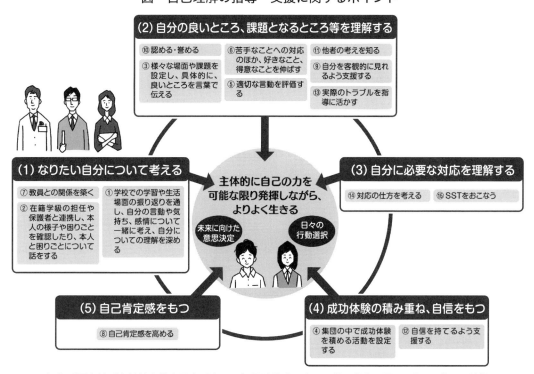

＊出典：「国立特別支援教育総合研究所（2021）発達障害のある子供の教育に関わる全ての教員の皆様へ
　　　　もしかして、それ…二次的な障害を生んでいるかも…？」

教育制度・施策を知る

学習指導要領の基礎

現行の学習指導要領では、障害の有無や発達の段階にかかわらず、これからの社会における人の「学び」がどうあるべきなのかについて議論がなされ、「学び」の主体である生徒の側面から改訂が行われました。キャリア教育、進路指導を進めていくうえでの前提として知っておくことが大切です。

わが国が目指す社会

　これからの社会においては、人の多様性をどのようにいかし、集団として社会課題の解決を図っていけるか、学校教育でいかにその力を身につけられるかが重要となります。まさに「共生社会」を学校段階でどのように具現化するかが問われているといえます。「共生社会」とは、「これまで必ずしも十分に社会参加できるような環境になかった障害者等が、積極的に参加・貢献していくことができる社会」です。それは、「誰もが相互に人格と個性を尊重し支え合い、人々の多様な在り方を相互に認め合える全員参加型の社会」です（中央教育審議会, 2012）。このような社会を目指すことは、わが国において最も積極的に取り組むべき重要な課題であるといえます。

　高等学校等にも、障害のある生徒のみならず、教育上特別な支援を必要とする生徒が在籍している可能性があることを前提に、すべての教職員が特別支援教育の目的や意義について十分に理解しておくことが不可欠です。【特別支援教育については、序「特別支援教育のポイント」（20頁）で解説】

着目したい学習指導要領の前文

　すべての高等学校においては、2022（令和4）年度より学習指導要領が年次進行で実施となりました。多くの読者がすでに学習指導要領やその解説、関連する書籍等に目を通されたことと思いますが、従前の学習指導要領にみられなかった特徴があったことにお気づきだったでしょうか。それは、このたびのすべての学習指導要領等に「前文」が付記されたことです。ここで、高等学校学習指導要領とはいわず「学習指導要領等」と記したのは、この「前文」が付記されたのは、幼稚園教育要領や小学校学習指導要領、中学校学習指導要領、特別支援学校幼稚部教育要領、特別支援学校小学部・中学部学習指導要領、特別支援学校高等部学習指導要領すべてに「前文」が付記されたからです。すべての「前文」には基本的に以下のような同様の内容が示されています。

> 一人一人の生徒が、自分のよさや可能性を認識するとともに、あらゆる他者を価値のある存在として尊重し、多様な人々と協働しながら様々な社会的変化を乗り越え、豊かな人生を切り拓き、持続可能な社会の創り手となることができるようにすることが求められる。

> これからの時代に求められる教育を実現していくためには、よりよい学校教育を通してよりよい社会を創るという理念を学校と社会とが共有し、それぞれの学校において、必要な学習内容をどのように学び、どのような資質・能力を身に付けられるようにするのかを教育課程において明確にしながら、社会との連携及び協働によりその実現を図っていくという、社会に開かれた教育課程の実現が重要となる。

*出典：文部科学省（2018）高等学校学習指導要領（平成30年告示）．

　この背景には、今後わが国が対峙していかなくてはならない社会の変化を乗り越えるためには、一人ひとりの能力を最大限に発揮することができるよう、社会の連携・協働が不可欠である、という国の強い意志が感じられます。学習指導要領の改訂にかかる背景は、「巻末資料2」（123頁）を参照してください。

学習指導要領のポイント

学習指導要領等の改訂のポイントについては、図 「学習指導要領改訂の方向性」の内容が挙げられます。ここでは、「新しい時代に必要となる資質・能力」とこうした資質・能力を育むための「学習過程」に着目し、解説します。

新しい時代に必要となる資質・能力

　従前の学習指導要領では、「生きる力」の育成が重要視されてきました。このたびの学習指導要領においては、「生きる力」を育むために、学校教育全体や各教科・科目等の指導を通してどのような資質・能力を目指すのかを明確にすることを重視し、子ども自身にとって「何ができるようになるか」という側面で、新しい時代に必要となる「資質・能力」が、「学びを人生や社会に生かそうとする学びに向かう力・人間性の涵養」「生きて働く知識・技能の習得」「未知の状況にも対応できる思考力・判断力・表現力等の育成」の三つの柱で整理されました（**図「学習指導要領改訂の方向性」**参照）。

　この三つの柱で示された資質・能力は、わが国のこれからの社会を形成するためには、とても大切な視点です。この視点は、キャリア教育・進路指導においても重要となります。

　わが国の学校教育においては、生徒が同じ空間で時間を共にすることで、お互いの感性や考え方などに触れ、刺激し合うことの重要性が大切にされてきましたが（文部科学省初等中等教育局教育課程課, 2021）、このたびの学習指導要領の改訂においてもより重視され、「主体的・対話的で深い学び」として示されました。こうした学習過程は、キャリア教育・進路指導に関わる資質・能力を育むうえでも重要です。

図　学習指導要領改訂の方向性

＊出典：文部科学省（2016）幼稚園、小学校、中学校、高等学校及び特別支援学校の学習指導要領等の改善及び必要な
　　方策等について（答申）補足資料

TOPIC
トピック ‥‥‥‥‥‥‥‥‥‥‥‥‥‥‥‥‥‥‥‥‥‥‥‥‥‥‥‥‥‥‥‥‥‥

化石の古さをどのように調べますか

　著者は、発達障害を含む多様な生徒が、同じクラスの生徒と、教室という同じ空間と教科・科目という時間を共有しながら学びを進めることは、とても意義深いと考えています。その理由は、このたびの学習指導要領の改訂に向けた議論を、著者自身の教職経験に当てはめた時に、発達障害のある生徒や、その他の多様な生徒が同じ学びの空間や時間で共に学ぶことは、「知識・技能」傾倒型の学習（教授型の学習）では決して味わうことのできない「深い学び」へと転換するきっかけとなることを実感しているからです。さらに言えば、著者自身、教育委員会に所属し、これまで多くの小中学校や高等学校を訪問する機会に恵まれ、それぞれの学校での学習の様子を参観しながら、改めて確認する機会を得たからです。

　以下に、このことを顕著に表すトピックを示しました。高校教育でのトピックではありませんが、発達障害のある生徒を含む多様な生徒を包摂した「主体的・対話的で深い学び」を進展させるための学習活動の在り方を考えるうえでヒントをくれるトピックであると捉えています。

　小学校第6学年の理科では、地層の成り立ちに関わる学習内容に「土地のつくりと変化」があります。その学習では、「地層は、流れる水の働きや火山の噴火によってできること」に対する理解を促すことになっており、教科書にも、図解入りでわかりやすく解説されています。実際には、撓曲（とうきょく）と言って断層の延長線上の一部に変形が生じ地層の上下が逆転する現象も起こり得るので、このことは一概には言えません。ただし、小学生段階であれば、地層は原則上部にあるものほど新しくなることの理解で十分なのですが、このようなことがありました。

　ある教員が児童に対して「化石の古さをどのように調べますか」と発問したところ、多くの児童が「上にある地層の化石が新しい」と答えたのですが、ある児童一人だけが「それは絶対ではない」「化石自体を調べる必要がある」と、がんとして言い張って聞きません。普段からこうした発言の多かったこの児童に困り果てていた教員は、「教科書の〇ページに書いてあるから、君の答えは間違っている」と断定的な言葉を発しました。すると、この児童は続けて、「放射性同位元素年代測定法」について持論を展開し、この発問そのものが妥当ではないことをヒステリックに論じ始めましたが、教師は取り合わずに学習を次に進めてしまいました。

　教師にとって、発達障害のある生徒の特性による授業中の発言や行動によっては、指導案どおりの授業展開が妨げられることもあります。しかし、教師自身が一歩立ち止まり、その生徒の発言や行動が、どうして出てきたのか、どのような経緯で出てきたのかなどについて考えることで、次の発問の質を深め、より教室全体の思考を深めたり、他の生徒に対する深い思考を促すきっかけとなったりするのではないかと思います。

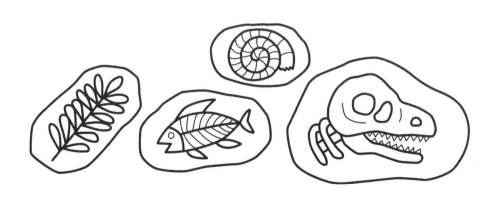

特別支援教育のポイント

本項では、障害のある生徒への指導・支援にあたり知っておきたい、特別支援教育の定義や基本的な施策等について解説します。障害のある生徒へのキャリア教育、進路指導を進めていくうえでの前提として理解しておくことが大切です。

特別支援教育とは

特別支援教育とは、障害のある幼児児童生徒の自立や社会参加に向けた主体的な取り組みを支援するという視点に立ち、一人ひとりの教育的ニーズを把握し、そのもてる力を高め、学習上または生活上の困難を改善または克服するため、適切な指導および必要な支援を行うものです。

特殊教育から特別支援教育へ

障害のある幼児児童生徒に対する教育である「特別支援教育」は、2007（平成 19）年に制度化されました。本書の発行時点で既に 17 年が経過したことになります。それまでは、障害のある幼児児童生徒に対する教育は「特殊教育」として行われてきましたが、**表「特殊教育と特別支援教育」**のとおり、「特別支援教育」へと発展的に移行されました。

表 特殊教育と特別支援教育

特殊教育	盲学校・聾学校・養護学校、小中学校における特殊学級や通級による指導といった特別な場で行う。
特別支援教育	特別な支援を必要とする幼児児童生徒が在籍する全ての学校＊で行う。 特殊教育の対象となっていた障害に加え、知的の遅れのない発達障害も対象とする。

＊特別支援学校、小中学校における特別支援学級や通級による指導、通常の学級。高等学校における通級による指導、通常の学級（ただし、高等学校における通級による指導は 2018〔平成 30〕年に制度化）。

制度化にあたって、各都道府県教育委員会や各指定都市教育委員会、各都道府県知事、附属学校を置く各国立大学法人学長に向けて、文部科学省（2007）から「特別支援教育の推進について」が通知されました。本通知では、特別支援教育の理念として、「特別支援教育は、障害のある幼児児童生徒への教育にとどまらず、障害の有無やその他の個々の違いを認識しつつさまざまな人々が生き生きと活躍できる共生社会の形成の基礎となるものであり、わが国の現在および将来の社会にとって重要な意味を持っている」ことが示されており、前項で述べたこのたびの学習指導要領のポイントにも関連する内容となっています。

特別支援教育の進展

特別支援教育の進展は、義務教育段階における特別支援教育の対象となる児童生徒の数にも顕著に表れており、経年でみていくと、児童生徒の全体数が年々減少していくのに対して特別支援

教育の対象となる児童生徒の数は増加していることがわかります（図「特別支援教育の対象の増加状況」参照）。

　高等学校においても、2018（平成30）年度から通級による指導が制度化されたことについてはご存知の方も多いことでしょう。また、忘れてはならないのが高等学校においても通常の学級には、発達障害を含む特別な配慮が必要な生徒が相当数在籍しているということです。このたびの学習指導要領においても「障害のある生徒などへの指導」の配慮事項として、学習活動を行う場合に生じる困難さに応じた指導内容や指導方法の工夫を計画的、組織的に行うこととされました。また、より学校現場において具体的な配慮事項がイメージしやすいように、各教科の解説において、「○○に困難さがある場合は…」などと、生徒の実態に応じた配慮事項の具体例が示されました（表「『障害のある生徒などへの指導』の配慮例」参照）。

図 特別支援教育の対象の増加状況

＊出典：文部科学省（2023）：特別支援教育の充実について

表「障害のある生徒などへの指導」の配慮例

教科	配慮の記述
国語編	・自分の立場以外の視点で考えたり他者の感情を理解したりするのが困難な場合には、生徒が身近に感じられる文章（例えば、同年代の主人公の物語など）を取り上げ、文章に表れている心情やその変化等が分かるよう、行動の描写や会話文に含まれている気持ちがよく伝わってくる語句等に気付かせたり、心情の移り変わりが分かる文章の中のキーワードを示したり、心情の変化を図や矢印などで視覚的に分かるように示してから言葉で表現させたりするなどの配慮をする。
数学編 理数編	・文章を読み取り、数量の関係を文字式を用いて表すことが難しい場合、生徒が数量の関係をイメージできるように、生徒の経験に基づいた場面や興味のある題材を取り上げ、解決に必要な情報に注目できるよう印を付けさせたり、場面を図式化したりすることなどの工夫を行う。

＊文部科学省（2018a）「高等学校学習指導要領（平成３０年告示）解説　国語編」、
　文部科学省（2018b）「高等学校学習指導要領（平成３０年告示）解説　数学編 理数編」 より作成

自立活動

自立活動は、個々の幼児児童生徒が自立を目指し、障害による学習上または生活上の困難を主体的に改善・克服しようとする取り組みを促す教育活動です。高等学校における通級による指導においても、参考にして行うことになっています。

学習上、生活上の困難を改善・克服するために

障害のある幼児児童生徒が学校教育において学習を進める場合においては、その障害により、日常生活や学習場面においてさまざまなつまずきや困難が生じることになり、障害のない幼児児童生徒と同じように心身の発達の段階等を考慮して教育をするだけでは十分ではない場合があります。特別支援学校においては、こうした個々の障害による学習上または生活上の困難を改善・克服するための指導の領域「自立活動」を設定し、指導することによって、人間としての調和のとれた育成を目指しています。

自立活動の内容は6区分27項目（表「自立活動の内容（6区分27項目）」参照）から構成されていますが、各教科等のようにそのすべてを取り扱うものではなく、個々の幼児児童生徒の実態に応じて必要な項目を選定して取り扱うものとなっています（文部科学省，2018c）。

このたびの学習指導要領の改訂で、特別支援学級において自立活動を取り入れること、通級による指導においては自立活動の内容を参考とすることが示されました。高等学校における通級による指導においても、自立活動の内容を参考とし、具体的な目標を定め、指導を行うものとすること、またその際には、通級による指導が効果的に行われるよう、各教科・科目等と通級による指導との関連を図ることが明記されています。すなわち、通級による指導を担当する教師と、通常の学級で各教科等を担当する教師の連携・協働が重要となります。

表 自立活動の内容（6区分27項目）

区分	項目
健康の保持	（1）生活のリズムや生活習慣の形成に関すること。 （2）病気の状態の理解と生活管理に関すること。 （3）身体各部の状態の理解と養護に関すること。 （4）障害の特性の理解と生活環境の調整に関すること。 （5）健康状態の維持・改善に関すること。
心理的な安定	（1）情緒の安定に関すること。 （2）状況の理解と変化への対応に関すること。 （3）障害による学習上又は生活上の困難を改善・克服する意欲に関すること。
人間関係の形成	（1）他者とのかかわりの基礎に関すること。 （2）他者の意図や感情の理解に関すること。 （3）自己の理解と行動の調整に関すること。 （4）集団への参加の基礎に関すること。

環境の把握	（1）保有する感覚の活用に関すること。
	（2）感覚や認知の特性についての理解と対応に関すること。
	（3）感覚の補助及び代行手段の活用に関すること。
	（4）感覚を総合的に活用した周囲の状況についての把握と状況に応じた行動に関すること。
	（5）認知や行動の手掛かりとなる概念の形成に関すること。
身体の動き	（1）姿勢と運動・動作の基本的技能に関すること。
	（2）姿勢保持と運動・動作の補助的手段の活用に関すること。
	（3）日常生活に必要な基本的動作に関すること。
	（4）身体の移動能力に関すること。
	（5）作業に必要な動作と円滑な遂行に関すること。
コミュニケーション	（1）コミュニケーションの基礎的能力に関すること。
	（2）言語の受容と表出に関すること。
	（3）言語の形成と活用に関すること。
	（4）コミュニケーション手段の選択と活用に関すること。
	（5）状況に応じたコミュニケーションに関すること。

＊文部科学省（2018c）「特別支援学校教育要領・学習指導要領解説自立活動編（幼稚部・小学部・中学部）」より作成

個別の教育支援計画

障害のある生徒については、学校生活だけでなく家庭生活や地域での生活も含め、長期的な視点に立って幼児期から学校卒業後までの一貫した支援を行うことが重要です。このために作成される計画が「個別の教育支援計画」です。

高等学校での取り扱い

　高等学校では、通級による指導を受ける生徒の場合、「個別の教育支援計画」を作成し活用することとなっています。これ以外の障害のある生徒についても、作成し活用することに努めることとなっています。

　障害のある生徒などについては、いわゆる「怠学」の状況にある生徒や生徒指導上の課題がある生徒のような状態像を示す場合がありますが、当該生徒の障害や発達の特性は生来のものであることから、高等学校に入学する前から（義務教育段階やそれ以前から）、学習活動または生活において何らかの困難さが生じている場合があります。

　高等学校において、障害のある生徒への特別な配慮や対応を考えるにあたっては、中学校段階等での学習活動や生活場面でどのような困難さがみられたか、こうした困難さに対してどのような取り組みを行い、評価・改善してきたのかなどの情報を得ることによって、高等学校においても効果的な対応を円滑に行うことができます。

「縦の連携」「横の連携」

　とりわけ、社会に出ていくことが間近に迫っている高等学校段階においては、時間のロスを少しでも少なくするという意味においても関係機関との連携が有効です。また、高等学校で効果的

だった配慮事項などを進学先や就職先にもいかしてもらうことが必要となります。こうした配慮事項を時間軸でつなぐための機関連携を「縦の連携」ということがあります。

　生徒に障害がある場合は、教育機関以外にも、医療機関や福祉機関等を利用している場合があります。障害のある生徒にとっては、学校はもとより他機関で指導・支援された内容を互いの機関が踏まえることによって、より効果的な対応を行うことができます。こうした同じ時期に違う機関同士の連携を図ることを「横の連携」ということがあります。

　「個別の教育支援計画」は、こうした「縦」や「横」の連携で活用できるツールであり、本人および保護者の同意を得て、適切に引き継いでいくことが求められています。

「個別の教育支援計画」の様式

　文部科学省が示している参考様式（一部）を図「個別の教育支援計画の参考様式（支援シート）」として示しました。「個別の教育支援計画」の大きな特徴としては、「本人の願い（保護者の願い）」が示されていることです。とりわけ高校学校段階においては、本人の願いを受け止めつつ、有している学習上または生活上の困難さ、および社会に出た時に、自分なりにそうした困難さと共にどのように生きていくのかなどについて理解を促していくことも大切になります。「本人の願い」については、後述する「キャリア・パスポート」とも関連してきます。【キャリア・パスポートについては、パート１（51頁）参照】

図 個別の教育支援計画の参考様式（支援シート）

＊出典：文部科学省（2021）個別の教育支援計画の参考様式について

個別の指導計画

個々の生徒の実態に応じた適切な指導に向けて、教育課程を具体化し、障害のある生徒など一人ひとりの指導目標、指導内容および指導方法を明確にして、きめ細やかに指導するために作成する計画が「個別の指導計画」です。

高等学校での取り扱い

　高等学校では、通級による指導を受ける生徒の場合、個別の指導計画を作成し活用することとなっています。これ以外の障害のある生徒についても、作成し活用することに努めることとなっています。

　特に通級による指導を受ける生徒については、生徒の障害による学習上または生活上の困難を改善・克服するため、自立活動を参考にしながら、具体的な指導目標や指導内容等を定めた個別の指導計画を作成しておくことで、事後の評価がよりしやすくなり、指導の改善が期待できます。

　個別の指導計画に特に決まった様式等はありませんが、それぞれの学校の設置者である教育委員会が例示した様式がある場合や、特別支援学校で使用している様式が参考になる場合もありますので、設置者である教育委員会等に問い合わせてみましょう。

合理的配慮の申請に向けて

　なお、入学者選抜においては、例えば、発達障害のある生徒に「別室受験」が認められるなど、受験者からの申し出があれば、学校段階における配慮事項の一部が入学者選抜においても認められる場合があります。入学者選抜で配慮申請を検討しているのであれば、個別の教育支援計画および個別の指導計画に基づき、配慮の妥当性とこれまでの実践について論理的に整理し設置者と協議することが大切です。

　高校生という発達段階から、自己の障害認識や理解が進んでいない場合、教員や保護者など周囲の大人がいくら助言を行っても、生徒自身が特別な配慮を受けることを拒否してしまうことがあります。小学校や中学校段階からの継続的かつ段階的な関わりが必要となります。

「序」引用・参考文献

国立特別支援教育総合研究所　発達・情緒班（2021）発達障害のある子供の教育に関わる全ての教員の皆様へ　もしかして、それ・・・二次的な障害を生んでいるかも・・・？
　　https://www.nise.go.jp/nc/news/2021/0406_2　（2023 年 6 月 8 日閲覧）
中央教育審議会（2012）共生社会の形成に向けた インクルーシブ教育システム構築のための 特別支援教育の推進（報告）.
中央教育審議会（2021）「令和の日本型学校教育」の構築を目指して〜全ての子供たちの可能性を引き出す，個別最適な学びと，協働的な学びの実現〜（答申）.
文部科学省（2007）：特別支援教育の推進について.
文部科学省（2010）：生徒指導提要　第 3 節 青年期の心理と発達　2 発達障害と思春期　(3) 自己理解の難しさ
　　https://www.mext.go.jp/a_menu/shotou/seitoshidou/1404008.htm　（2023 年 6 月 8 日閲覧）
文部科学省（2018a）：高等学校学習指導要領（平成 30 年告示）解説　国語編.
文部科学省（2018b）：高等学校学習指導要領（平成 30 年告示）解説　数学編 理数編.
文部科学省（2018c）：特別支援学校教育要領・学習指導要領解説　自立活動編（幼稚部・小学部・中学部）.
文部科学省（2021a）：障害のある子供の教育支援の手引〜子供たち一人一人の教育的ニーズを踏まえた学びの充実に向けて〜.
文部科学省（2021b）：個別の教育支援計画の参考様式について.
文部科学省初等中等教育局教育課程課（2021）学習指導要領の趣旨の実現に向けた個別最適な学びと協働的な学びの一体的な充実に関する参考資料.

押さえておきたい
指導・支援のポイント

　本書「進学支援編」は、学校卒業後の就労とそのために必要な支援についてできるだけわかりやすくイメージできるような編集をこころがけました。

　パート1「押さえておきたい指導・支援のポイントでは、発達障害のある生徒に対し、キャリア教育・進路指導を行ううえで、まずは押さえておきたい基本として、発達障害のある生徒の障害特性や就労に向けた困りごと、指導・支援のポイントについてまとめています。

　指導・支援にあたり悩みやすい事柄をQ&Aの形でまとめました。発達障害のある生徒の進学支援のポイントを知りたい人はまず、このパート1をお読みください。

＊大学の支援部署の名称は大学によりさまざまです。本書では、原則としてキャリア支援部署については「キャリアセンター」、学生支相談・支援部署については「学生相談センター」、障害学生相談・支援部署については、「障害学生支援室」という用語に統一しています。

1 進路指導のポイントを教えてください

> 発達障害のある生徒の進学を支えるためには、進路指導の充実が求められます。生徒の気持ちを受けとめつつ、どのように必要な情報提供や助言を行っていけばよいのでしょうか。ここでは、「進路指導の六つの活動」の視点から、進路指導について解説します。

高等学校からの進路状況

　2022（令和4）年3月に高等学校を卒業した生徒の進路（学科別）は次のような状況となっています（図「高等学校の生徒の卒業後の進路状況（学科別）」参照）。どの学科からも一定数の生徒が就職および大学進学をしている状況があることがわかります。このような就職者、大学進学者の中には、発達障害のある生徒も含まれていることが想定されます。

進路指導の六つの活動

　進路指導は、従来、次の①から⑥の活動を通し実践されてきました。入学から卒業までにとどまらず、卒業後の追指導までも包含した計画的・組織的な教育活動であることがわかります。

図　高等学校の生徒の卒業後の進路状況（学科別）

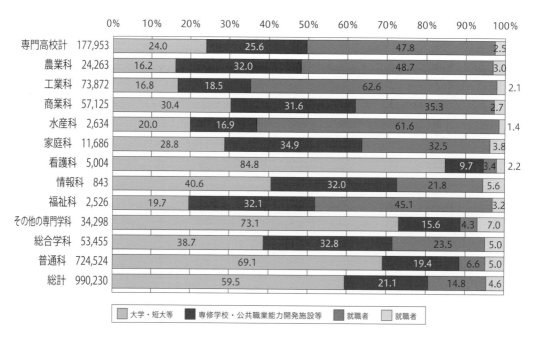

＊出典：文部科学省（2022）高等学校卒業者の学科別進路状況.

　なお、これまでの進路指導が「出口指導」と批判されてきたのは、これらのうち、⑤の「就職や進学等に関する指導・援助の活動」に焦点が絞られすぎたためであろうと指摘されています（文部科学省，2011）。

> ＜文部省（1994）進路指導の手引—中学校学級担任編（三訂版）＞
> ①個人資料に基づいて生徒理解を深める活動と、正しい自己理解を生徒に得させる活動
> ②進路に関する情報を生徒に得させる活動
> ③啓発的経験を生徒に得させる活動
> ④進路に関する相談の機会を生徒に与える活動
> ⑤就職や進学等に関する指導・援助の活動
> ⑥卒業者の追指導に関する活動

　では、これら六つの活動において、発達障害のある生徒に対し、どのような指導・支援の配慮が必要となるのでしょうか。以下では、発達障害のある生徒のキャリア発達を育む指導・支援について、補足解説します。

＊各活動の説明は、文部科学省（2011）で紹介されている内容を、生徒主体の活動となるように著者が調整したものです。

①個人資料に基づいて生徒理解を深める活動と、生徒の自己理解を促す活動

> 生徒個人に関する諸資料を豊富に収集し、一人一人の生徒の能力・適性等を把握して、進路指導に役立てるとともに、生徒にも将来の進路との関連において自分自身を正しく理解できるようにする活動

　発達障害のある生徒は、小学校や中学校段階において、発達障害の特性や、学習面や行動面、社会性等の側面からの困難さや、その改善に向けた手立ての検討や、配慮が行われています。高等学校では、個別の指導計画や個別の教育支援計画や、「キャリア・パスポート」等の資料を引き継ぎながら、将来の生活に向けた準備を進める必要があります。【「キャリア・パスポート」については、51頁を参照】

　その際、生徒の「苦手なこと」や「改善が必要と思われるところ」などへの注目だけではなく、生徒が自らの特性や困難さを知ることができる機会を設けながら、それらをカバーできるような「得意なこと」や「良いところ」などに注目することで自己理解を促すことが重要です【「自己理解」については、序14頁を参照】。

②進路に関する情報を生徒へ提供する活動

> 職業や上級学校等に関する新しい情報を生徒に提供し、それを各自の進路選択に活用できるようにする活動

　発達障害のある生徒については、進学先での障害のある学生への支援の状況や、合理的配慮の提供に関する取り組み状況等の把握が必要となります。このような情報は、中学校までに作成された個別の教育支援計画に記載されていることが多くあります。【「個別の教育支援計画」については、序23頁を参照】

高等学校における合理的配慮の提供内容については、就労希望の場合は、就労後の支援につながりますし、進学希望の場合は、希望する進学先の受験や、その後の支援につながることから、生徒や保護者と合意形成を図っておく必要があります。

　医療・福祉機関を利用している生徒の場合、高等学校卒業後、それまでと異なる自治体で生活することも考えられます。高等学校では、個別の移行支援計画として準備しておくことができると良いでしょう。

③啓発的経験を生徒へ提供する活動

> 経験を通じて、生徒が自己の能力・適性等を吟味できるようにしたり、具体的に進路に関する情報を提供したりする活動

　生徒は、小学校や中学校段階において、役割を担うことや、責任を果たすこと、学校行事などさまざまな経験をしています。このような活動は、「キャリア・パスポート」としてまとめられていることも多く、地域や社会への所属感や連帯感の高揚にもつながっています。

　高等学校では、「キャリア・パスポート」等を活用して、過去の自分と対話することや、今後なりたい自分を考えること、そのために必要なことなどを整理できると考えられます。

　それらを踏まえ、卒業生の体験談—例えば、就労希望の場合は、希望する就労先で勤務されている方の話、進学希望の場合は、希望する大学に進学されている方の話を聞くなど、具体的な場面を想定した情報収集を行っていくことが重要です。また、就労希望の場合は希望する就労先での就業体験、進学希望の場合はオープンキャンパスへの参加が行えると良いでしょう。生徒にとって、このような経験が、卒業後の見通しやその後の生活の安心につながると考えられます。

④進路に関する相談の機会を提供する活動

> 生徒が進路に関する悩みや問題を教師に相談して解決を図ったり、望ましい進路の選択や適応・進歩に必要な能力や態度を発達させたりする活動

　高等学校入学前までの発達障害のある生徒については、多くの場合、本人の思いや願いを踏まえながら、担任や保護者が中心となって発達障害の特性や、学習面や行動面、社会性等の側面からの困難さの改善に向けた配慮などについて検討されています。生徒の中には、高等学校入学後の環境の変化や、経験の積み重ねにより、それまで考えていた進路目標が変わる場合があります。また、発達障害の特性により、得意な科目と苦手な科目に極端な差があり、受験に影響する場合もあります。生徒の進路指導に関わる教員は、このような状況の中、生徒が進路先の選択や決定を検討していることを理解しておく必要があります。

　また、生徒が主体となった進路選択に向けて、生徒と一緒に進路先について確認できると良いでしょう。例えば、生徒が希望する進路先の情報と共に、障害のある学生への支援の状況や、それらの学生を支援する部署の担当者等を生徒と共に確認することが考えられます。

⑤就職や進学等に関する指導・支援の活動

> 就職、進学、家業・家事従事など、生徒の進路選択の時点における援助や斡旋を行う活動

　高等学校では、集団を基盤とした指導が行われています。発達障害のある生徒にとって、ほかの多くの生徒と同じ流れで学ぶことが困難な場合があることから、過去の経験を参考にしたり、事前にリハーサルを行ったりしながら、卒業後の生活等に向けた準備を丁寧に行っていくことが重要です。①から④で説明した内容を参考としながら指導や支援を行えると良いでしょう。

⑥卒業者の支援に関する活動

> 生徒が卒業後それぞれの進路先においてよりよく適応し、進歩・向上していくように援助する活動

　進路先での適応に向けて、進路先で合理的配慮を得られるかどうかは一つの重要なポイントとなります。企業および大学では、「障害を理由とする差別の解消の推進に関する法律」の施行（2016（平成 28）年 4 月施行。2021（令和 3）年 6 月改正）に伴い、さまざまな合理的配慮の提供が行われています。ただし、合理的配慮の提供は、当事者の申し出が基本となります。よって、合理的配慮の充実に向けて、個別の移行支援計画を作成するなど、就労先、進学先との連携が重要です。また、高等学校卒業者の支援を通して、本人の「得意なこと」「苦手なこと」への気づきを促しながら、卒業後の困難な状況や、その解決策を把握し、情報提供することが求められます。

連携による進路指導

校内での連携

　発達障害のある生徒の進路指導にあたっては、従来の集団を基盤とした指導に加え、発達障害の特性や、学習面や行動面、社会性面等の困難さに配慮した個別の指導・支援を行っていくこと

遮光フード

サングラス
遮光レンズ
メガネ

モニターの
明るさ調整

イヤホン
イヤーマフ

が重要です。また、本人が自身の困難さについて改善策を考えたり、周囲への援助の依頼について考えたりする機会を設けることも重要です。こうした指導・支援にあたっては、校内の共通理解のもと、周囲の教員が連携・協働し、関わっていくことが重要です。

　発達障害のある生徒の学校生活については、学級担任や特別支援教育コーディネーター、通級による指導の担当者等が中心となって指導や支援が行われている状況がありますが、進路指導にあたっては、学校や学科などの進路指導担当者との連携のもと、組織的に対応していくことが重要です。

保護者との連携

　保護者の中には、発達障害を開示することで、入学試験・入社試験、また、入学後・入職後に「不利になるのではないか」という不安を抱いている場合があります。保護者の生徒への願いや課題と思っているところなどを丁寧に聞き取っていく中で、保護者の気持ちを受けとめ、信頼関係を築いていくことが重要です。

　障害を非開示の場合、進路先で合理的配慮を得られず、適応に困難が生じる場合もあります。本人、保護者の状況を踏まえつつ、適切なタイミングで、現在、進学先や就職先では、障害のある人が、学びやすく、働きやすい合理的配慮の準備が進んでいることについて情報提供できると良いでしょう。

　そのためには、進路先となる大学や企業等のほか、特別支援学校、医療・福祉・労働等の専門機関との連携により情報を得ていくことが必要です。

進路先や専門機関との連携

　進路先や専門機関等との連携にあたっては、生徒が進路選択を間近に控えた時期からの連携だけではなく、早い段階からの連携について検討を始める必要があります。このような検討のためには、まずは、地域の特別支援学校や発達障害者支援センターとの連携が有効であると考えられます。

　生徒の中には就労後、居住地域が変わることもあります。就労先によっては、これまで関わってきた相談機関や窓口、担当者が変わる可能性があることも周知しておく必要があります。

2 進学先で直面する困りごとを教えてください

> ここでは大学進学を例に説明をしていきます。大学に入学するとまず
> は、大学生活に慣れ、学業を修めることに注力するでしょう。しかし、
> 大学と高等学校の違いにより、大学でさまざまな困難に直面すること
> があります。実際に大学進学を果たした発達障害のある人はどのよう
> な困りごとに直面しているのでしょうか。

授業・履修

電子システムの活用の難しさ

　発達障害のある学生の場合、大学の電子システムをうまく活用できないことがあります。

　各大学では独自の電子システムを利用しています。この電子システム上に授業の履修登録や授業開催変更のメール等が届きます。そして、学生は、大学生活上で必要な情報取得や授業の履修手続き等を電子システム上で行います。

　電子システムには、次々と情報が送られてきますので、定期的に自ら情報確認をすることが必要です。また、情報の重要度や締め切り期限順に情報が送られてくるわけではありませんので、自分自身で情報の重要度や締め切り等を判断することが必要です。そして、自分で計画を立て、必要に応じてその計画を修正しながら、学生生活を送ることが必要となります。

支援や配慮を要請することの難しさ

　発達障害のある学生の中には、これまで自分にどのような支援や配慮が必要であるか検討したことがなく、大学に支援や配慮の申し出を行わないままとなっているケースがあります。

　大学入学時に、障害を開示し、障害学生支援室などで支援や配慮を申し出ている場合は、専門の支援部署で授業選択や受講時に必要と思われる支援について相談をすることができます。その際、大学入学までの困りごとや受けていた配慮や支援などをまとめておくと相談がスムーズに進むでしょう。一方、大学入学までに、支援や配慮を申し出ていなかった場合、大学での多様な支援や配慮に関する情報を得られにくいことが多くあります。大学入学時に障害を開示することをためらう場合も少なくないと思われますが、大学では、授業を含め、学生生活上の困りごとを相談できる場所があることをまず知っておけると良いでしょう。

授業選択の幅に対応することの難しさ

　発達障害のある学生の場合、周囲の学生の様子を見て、単位取得に必要な授業を選択すること

が難しいことがあります。

　授業選択の幅は、大学や学部、学年によっても異なります。授業選択の幅が狭い場合は、同学年の学生がほぼ同じ授業を選択します。よって、周りの学生に授業選択について確認することができれば、必要な授業を選択することができるでしょう。ただし、自由な選択肢が少ないため、苦手な授業内容や苦手な授業形態、テストを避けることができない場合もあります。一方、授業選択の幅が広い場合は、自由な選択肢があるからこそ、同学年の学生はさまざまな授業を選択します。よって、お手本となる学生に確認することができず、自分で判断することが求められます。

計画的な授業選択の難しさ

　発達障害のある学生の場合、長期的な単位取得の計画を立てることが難しいことがあります。

　授業選択には、一定の決まりごとがあります。分野や分類ごとに決められた単位数をいつまでに取得するというような決まりごとの中で、授業を選択し単位取得を進めていきます。必要な授業をすぐに選択できると良いのですが、人気の授業は希望者多数のために受講生を抽選で選ぶこともあります。抽選から外れた場合は、再度一定の決まりごとの中で授業を選択する必要があります。つまり、複数の決まりごとの順守と外的要因による授業選択の修正を同時に行いつつ、長期的な単位取得計画と管理を行うことが求められます。単位が取得できなかった場合にも、再度、単位取得計画を自分で修正する必要があります。

単位取得要件についての理解の不十分さ

　発達障害のある学生の場合、授業選択後に、授業での単位取得方法等を理解できていないことがあります。

　大学では、シラバスとよばれるものに、全授業の内容や授業形式、テスト方法、単位取得要件などが詳細に書かれています。また、不明点などの相談先の記載もあります。さらに初回の授業時でも授業全体についての説明があります。これらの情報をもとに、自分でそれぞれの授業について理解し、わからないことは自ら相談する姿勢が求められます。

　なお、単位取得要件は、授業により異なります。例えば、授業内に発表する時間が設けられており、そこでの1回以上の発表が求められる場合などもあります。また、全15回授業のうち3分の2以上（10回／全15回）の出席と期末テストの合格が単位取得要件である場合などもあります。よって、授業ごとに単位取得要件を確認することが必要です。例えば、授業の出席確認では、新型コロナウイルスやインフルエンザにかかった場合は診断書の提出が求められたり、電車などの公共交通機関が遅延した場合等は遅延証明書の提出が求められたりする場合があり、臨機応変に対応していくことが求められます。

多様な授業形態への適応の難しさ

　発達障害のある学生の場合、グループ活動が苦手など、多様な授業形態に対応することが難しいことがあります。

　大学では、対面での授業やオンラインでの授業、ゼミのように少人数のグループでの授業があります。授業を聞いていれば良いものもあれば、自分自身で調査し発表するもの、周りの学生とディスカッションするものもあり、授業により求められる姿勢や取り組みの内容も異なります。しかし、一定の決まりの中での授業選択であるため、自分自身の得意な授業形態のみを選択することはできません。このように大学にはさまざまな授業形態があることを理解し、柔軟に対応していくことが求められます。

単位取得に必要なレポート作成の難しさ

　発達障害のある学生の場合、計画的にテストやレポート作成の準備を進めることが難しいことがあります。

　授業の最後には、単位取得のためのテストやレポート提出があります。テストの場合、自分でとったノート等をもとにテスト勉強を進めていく必要があります。テストの日程が通常とは異なる曜日や時間に行われる場合がありますので留意が必要です。また、レポートの場合、提出期限まで一定の期間が設定されていますが、レポート提出が多い授業を複数選択している場合、レポート提出の提出期限が複数重なってしまうことがあります。決められたスケジュールの中で、自分自身で計画的にレポート作成を進めていく必要があります。

就職活動

　大学生活に慣れてきた段階で、大学卒業後の就職を見据え、自分のキャリアについて考えていくことが必要です。まずは、選択した授業内容が、社会でどのような業界や仕事につながるか考えたり調べたりできると良いでしょう。しかし、まずは大学卒業を目指す必要がありますし、アルバイトなどの社会経験が乏しいまま就職活動に至ることもあり、就職活動開始時に職業選択において困ることがあります。

学業と就職活動の両立の難しさ

　発達障害のある学生の場合、学業との両立が難しく、キャリア支援部署の利用が遅れることがあります。

　年々就職活動開始時期や選考方法が変わりつつあります。また、インターンシップへの参加時期や参加日数なども多様化しています。就職に向けては、学業と並行して、早めの情報収集や活動準備を行うなど、マルチタスクが求められます。

　なお、一般的に、大学生活の支援は、学生相談センターや障害学生支援室（障害のある生徒の場合）等が担当していますが、就職活動の支援は、キャリアセンターが担当しています。利用には自発性が求められるため、学生は、学業と並行して、就職に向けて自らキャリアセンターに相談に行く必要があります。しかし、就職活動に目が向きにくかったり、新たな機関の利用をため

らったりする場合、卒業年次の後半になると相談に至る時期が遅くなってしまうことがあります。また、相談に至っても、支援者との関係を築き、継続して相談に通うことが難しいことがあります。

自己理解の難しさ

　発達障害のある学生の場合、自分の特性を理解し、自分にとって無理のない仕事内容や働き方を選択することが難しいことがあります。

　　就職活動にあたっては、自分の特性や興味がある仕事、自分が実際にできる仕事、自分にとって働きやすい職場環境などを知っておく必要があります。自分に合った働く条件を知ることも重要です。例えば、正社員を選択する場合は、雇用契約が安定していますが、1日8時間、1週間に5日間連続して働く必要があります。契約社員やアルバイトを選択する場合は、雇用契約に不安定さはあるものの、希望する時間数や日数で働くことができます。自分の体調や体力、疲労の程度などを検討して働く条件を選択していくことが大切です。

　そのためには、実際に仕事を経験し、自己理解を深める場が必要です。障害学生の場合、障害学生用インターンシップや各種の専門機関が提供する支援により経験を積むことができます。しかし、支援部署につながっていない学生の場合、各種支援を知りかつ参加することに大きなハードルを抱えていることが少なくありません。また、同じような選択を検討している学生や同じ選択経験のある先輩の話を聞く機会も乏しく、自身の特性を踏まえた無理のない仕事内容や働き方の選択に向けて、十分な情報が得られにくい状況もあります。

障害の開示・非開示の検討の難しさ

　発達障害がある場合、障害を開示して働くか、非開示で働くか、悩むことも少なくありません。それぞれのメリット・デメリットについてよく考え自分にとってより良い選択を行うことが重要です（図　「障害の開示・非開示の検討」参照）。

　障害の開示・非開示により、就職活動の進め方や準備は異なります、どのようなことが異なるのか具体的に知らずにいると、後に困ることがあります。よって、早期からの情報収集が必要となります。このほか、障害の確定診断がない場合は、どのように診断を受ければ良いのか、診断がある場合は、自分は障害者手帳を取得できるのか、取得する場合は、どのような手続きが必要でどのくらいの期間がかかるのか等について知ることも必要です。

　なお、障害の開示・非開示にかかわらず、働くうえで必要な支援や配慮、自分自身の工夫による対処法を検討しておくことは重要です。大学生活と職場生活では環境や求められる事柄が異なるため、大学での支援や配慮がそのまま職場で必要とされる支援や配慮とはなりません。大学では困ることがなかったことでも職場では困る場合があります。大学生活のみの経験で、職場での困りごとについて検討することは非常に難しいことです。実際に社会で働く障害のある先輩社員の経験談や職場での支援者の話を聞くと良いでしょう。ただし、先輩社員の話を聞く機会が乏しいことも就職活動時の困難なことの一つです。

図　障害の開示・非開示の検討

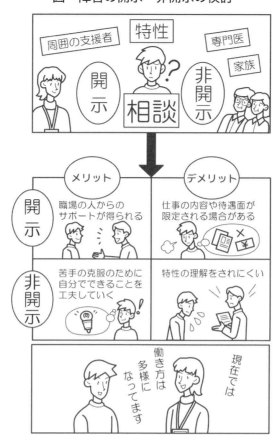

その他

内定後

　複数の職場から内定をもらった場合、どの職場が自分にとって働きやすいかなどを検討し、就職先を決定する必要があります。保護者や大学の支援者などに相談し、就職先を決定していきます。しかし、多くの意見を聞くと、どの職場が良いか選択することができなくなる学生や人の意見で選択してしまう学生もみられます。自分にとって働きやすい環境や仕事内容により働く場所を選択することも非常に難しいことの一つです。

中退・卒業後

　大学中退や卒業後に就職活動準備に入る場合もあります。そのような場合は、就労移行支援事業所等の学外支援機関や大学の支援（大学によっては、卒業後も支援をしている場合があります）を利用できます。地域により社会資源が異なりますので、市町村の福祉課や障害者支援機関等で相談をしてみると良いでしょう。多様な支援機関から自分に合った機関や支援者を見つけることが大切です。自分自身に適切な支援を準備することは非常に難しいことです。

3 進学に向けて高等学校で期待される 指導・支援について教えてください

進路先の意思決定に向けては、生徒の「仕事理解（社会理解・職業理解含む）」「自己理解」を深めた後、将来の就労を見据えつつ、その実現につながる進学先を選定していくことが重要です。進路先が本人の適性に合っているかどうかも重要な視点です。

仕事理解を促す取り組み

ここでいう仕事理解（社会理解・職業理解含む）とは、「進路や職業、キャリアルート等について理解を深めること」をいいます。具体的には、「仕事に関する知識（職業の種類や内容、求められる能力、その職業につく方法等）」「労働市場の状況」「働くうえで必要な知識（マナー等）」を理解していくこと等が挙げられます。

進学後の就労と必要とされる適性を踏まえ進学先を選定する

進学するうえでも、「仕事理解」は重要です。なぜならば、将来希望する仕事につくためのキャリアルートを意識して進学先を検討したり、進学後の就労を見据えつつ、自身の希望と適性に合った進路先を選択したりする必要があるからです。このことは、以下のとおり、大学関係者からも期待されています（図 「ある大学関係者からのメッセージ」参照）。

図 ある大学関係者からのメッセージ

●保育士・社会福祉士養成系の大学
保育士や社会福祉士等の仕事は「命」にかかわる仕事です。 学生がそのことを意識しないまま進学しているケースもみられます。高校在学中に、それぞれの仕事がもつメリットだけではなく、デメリットや責任についても考える機会があれば、大学進学後に円滑な就労につながってくると思います（進学してからの進路変更は大変難しいため…）。

●総合大学
大学で学ぶ専攻は、将来のキャリアを選択するうえで重要な要素となります。得意な勉強をさらに深めることや将来挑戦したい仕事を検討したうえで学びを選択したものの、障害特性の理解がないため、作業や動作の得手・不得手についての検討がなく、挫折する場合も少なくありません。大学についてよく調べ、専攻で必要とされる力について事前に情報を得たり、自身の適性を相談できたりする機会があると良いと思います。

＊著者がこれまでに聴取した内容を参考として例示

高等学校段階で進学後の就労を見据えた力を身につける

　先にふれたとおり、発達障害がある場合、大学進学後、大学生活で求められるレポート作成や計画的な単位取得等ができずに挫折してしまうことがあります。また、卒業に結びついたケースでも、就職活動で挫折してしまうことがあります。大学では、高等学校段階までとは異なり、本人が自分から合理的配慮を申し出ない限りは、学業や就職活動において、きめ細かな支援を受けることは難しいことが想定されます。このような場合、本人が、学業と並行し、自ら卒業後を見据え必要な力を身につけたり、就職活動を進めていったりすることが求められますが、発達障害の特性から、見通しをもちにくかったり、複数のことに同時に取り組むことが難しい場合、これは容易なことではありません。

　ここで、発達障害のある人が大学進学し、その後就労に至る体験談を紹介します。この事例をみると、「仕事に関する学びは進学後からはじめる」という形では対応が難しい状況があることがわかります。

A さんの体験談（大学進学後、就労に至った事例）

＜大学進学～就職＞

・<u>大学に進学</u>しましたが、レポート作成が苦手で単位が取れず、家族と相談のうえ、中退しました。

・その後、いくつかアルバイトの面接に行きましたが、将来がかかっていると思うと、プレッシャーで頭が真っ白になってしまい、<u>やり取りがうまくできず不採用</u>が続きました。

＜就職後＞

・やっと入った会社でも、<u>複数の作業を段取り良くこなすことが要求されて、うまく対応で</u><u>きませんでした。作業ミスを直そう</u>といろいろ努力をしましたが、うまくいかず、<u>居づら</u><u>くなって会社をやめてしまう</u>ことが続きました。

・また、<u>会社では注意や叱責続きだったので、すっかり自信をなくしてしまい</u>、将来への不安が日に日に募っていました。（以下略）

＜支援機関へ＞

・そんなときに、<u>テレビで発達障害の特集番組を見て「自分にも当てはまるところがある」</u>と感じました。（中略）番組で話題になっていた<u>発達障害者支援センター</u>を探しました。また、発達障害者支援センターから<u>障害者職業センター</u>を紹介してもらいました。

・<u>初めは、「障害者」という名称のところに相談にいくことに抵抗がありました</u>が、発達障害者支援センターでも障害者職業センターでも、<u>私の話を**親身に**聴いて</u>くれました。

・また、<u>これまで私は</u>「**頑張ればできる**」「**配慮や支援をしてもらう＝甘え**」と考えていました</u>が、(中略)少しずつ「できることと苦手なことを理解し、できることを大切に伸ばす。<u>苦手なことは周囲の配慮を得ても恥ずかしくない</u>し、それが就職・職場定着への近道だ」と考えるようになりました。（以下略）

＊障害者職業総合センター（2008）「就職支援ガイドブック」より作成　　（下線部は著者）

中央教育審議会（2014）は、「高等学校は、進学や就職といった生徒の進路にかかわらず、中学校卒業後のほぼ全ての者が、社会で生きていくために必要となる力を共通して身に付けるとともに、自立に向けた準備期間を提供することのできる最後の教育機関となる」と述べています。こうした中、高等学校段階から、仕事に対する理解を深めるとともに、キャリア教育で育む、「人間関係形成・社会形成能力」「自己理解・自己管理能力」「課題対応能力」「キャリア・プランニング能力」等、仕事をするうえでも必要となる基礎的・汎用的能力を、少しずつ身につけられるようにすることが必要です【基礎的・汎用的能力については51頁を参照】。また、本人・保護者とも、こうした将来を見据えた取り組みが重要となることについて、共有しておくことが大切です。

進学先の「向こうにある社会」を意識する

「仕事理解」を深める方法としては、まず、インターネット等を用いた「職業調べ」が挙げられます。例えば、厚生労働省の職業情報サイト（日本版 O-NET）では、職業について、内容、就労する方法、求められる知識・スキルや、どのような人が向いているかなどを調べることができます。そのうえで、「職業人の話を聴く」機会を設けてより具体的にイメージを深める方法などが考えられます。

また、家庭の中で働くことについて話題にしてもらう、といったことも考えられます。可能であれば、進学先を卒業した後に希望する職業について就業体験を行えると良いでしょう。体験を通して、仕事に対するイメージを深め、自身が本当に進みたい、また、自分に向いている進路の方向性であるか改めて考えたり、進学先の向こうにある社会を意識し、学ぶことへの意欲を高めたりできると期待されます。

「自己理解」を促す取り組み

ここでいう「自己理解」とは、「自身の進路や職業、キャリア形成に関して理解を深めること」をいいます。具体的には、生徒が進路等（進学希望の場合には、進学先卒業後の進路とそのために進学先で学ぶ内容）について「自身の価値観や興味（意義を感じることやしたいこと等）」「自身の能力や適性」「自身を取り巻く諸条件（家庭的条件、地域的条件、経済的条件等）」を理解していくこと等が挙げられます。

「キャリア・パスポート」や「トリセツ」で「自己理解」を深める

進学に向けては、自分が将来目指す姿の実現に向け、必要な学びを得ることができる学校を選択していきますが、この際、進学先での学びに対する自身の適性を考えておくことも重要です。入学後に卒業要件となる資格取得を行うことができず、転部・退学を余儀なくされるケースも聞かれるところです。また、進学後の生活を想定し、不得意なことがある場合には、自分自身でど

のように工夫ができるかを考えたり、また、進学先に配慮を求めたい事柄を考えたりすることも重要です。こうした中、大学のキャリアセンター職員に行ったある調査では、発達障害のある生徒に対し、大学入学段階までに求められる学びとして、「自分の特性（得意不得意や長所・短所、興味・関心）の理解」「自分自身の障害（困難さ）と有効な対処方法の理解」が挙げられていました。

図　発達障害のある学生が、大学入学前に最優先で学んでおくべき項目

自己理解	自分の特性（得意不得意や長所・短所　興味・関心）（26.8%）
	自分自身の障害（困難さ）と有効な対処方法（20.5%）
仕事理解	人が働く理由（9.4%）
	働くうえで求められる生活面のマナーやスキル（9.4%）

自己理解は、大学段階、就労段階と継続的に行っていくことが重要ですが、高等学校段階で一定の自己理解が求められることがうかがえます。

＊大学職員（キャリアセンター）127 名に、20 項目から1つ選択するよう依頼
＊ NPO 法人 Wing PRO(2015) 調査報告書より作成

　このように、高等学校段階では、自己についての多角的な理解が重要となります。こうした自己理解を促す指導・支援は、キャリア教育で育む「基礎的・汎用的能力」の一つである、「自己理解・自己管理能力」と関連づくものです。こうした中、例えば、「自己理解」を深める方法として、キャリア教育の充実に向けて導入された「キャリア・パスポート」により、自分が将来目指したい姿を考えたり、これまで自身が取り組んだことを振り返り、その過程の中での自分の得意・不得意について考えていったりすることが挙げられます。【「キャリア・パスポートについてはパート１（５１頁）参照】

　また、障害特性に特化した指導としては、例えば、通級による指導を通し、生徒が自分についての説明文書、いわゆる「トリセツ」を作る取り組みを行っている学校もあります。その他、「高等学校における「通級による指導」実践事例集（文部科学省, 2017a）」では、自己理解をキーワードとした実践が複数紹介されていますので、参考にできると良いでしょう。

通級による指導における自己理解支援の取り組み例

指導上の工夫
　プリント教材や「質問カード」「自己チェックシート」（自己コントロール力、コミュニケーション力、ストレス、ソーシャルスキル）などを通して、自分の強みや弱みなど自己分析をしたり、対話による振り返りをしたりなど、自己理解を深めるようにした。
〈実態把握や指導等に関する工夫〉
　○生徒の行動観察（表情や話し方、目の動き、しぐさ、対話の内容など）
　○自己の困難さや悩みについて
　○「自己チェックシート」の活用（自分の強みや弱みを把握し、自己分析をする）
　○「質問カード」による自己の気づき

○「マインドマップ」(考えを整理したり、物事を思考したりしたことを視覚化する)を活用した視覚的な対話
○活動における生徒との会話
 ・尺度化から質問
 (1〜10段階による質問「今の気分は1〜10段階で、どのくらいですか?」等)
 ・差異に着目した質問
 (変化に着目させる質問「計画的に行動したら、今と何が変わるか?」等)

*出典:文部科学省(2017a)高等学校における「通級による指導」実践事例集

進学に向けて職業準備性を同時に育む取り組み

職業準備性とは、「個人の側に職業生活を始めるために必要な条件が用意されている状態」のことをいいます。職業準備性を図でイメージ化したものが「職業準備性のピラミッド」です。

「職業準備性」を学校段階から少しずつ育む

　図「職業準備性ピラミッドの視点に基づく学習指導」のとおり、一番下の土台となるのが、「職業生活を支える日常生活面の能力(健康管理、生活リズムの確立、日常生活の管理、移動能力)」です。そのうえに、「職業生活に必要となる対人技能」、次いで「職業生活に必要となる業務面の態度や基本的労働習慣(仕事に対する意欲、一定時間労働に耐える体力、規則の遵守、責任感、称賛および批判を受け入れる態度等)」が配置され、ピラミッドの頂点が「職業適性(職務遂行に必要な技能)」となっています。このように、安定して働き続けるためには、生活面、対人面の能力がとても重要となることがわかります。こうした能力は、**図　「就労段階で求められる対人面の力を見据えた学校段階での指導」**のように学校段階から少しずつ育んでいくことが必要です。よって、進学希望であっても、職業準備性の視点をもつことは重要です。

　「職業準備性」が身についていると、教育から就労への円滑な移行が進みやすいと考えられます。一方で、職業生活を始めるために必要な条件は、企業によっても異なりますし、周囲の支援状況によっても異なってきます。そのため、すべての能力が身についていないと就労できないわけでは決してありません。また、身につけるべき能力に順序性があるわけでもありません。そのため、本人や保護者と相談し、優先順位を考え、必要とされる能力を無理のない形で少しずつ育んでいくことが大切です。また、その際、本人の願い・なりたい姿の実現に向けて、本人自身が能力を高めていきたいという思いを持っていることが大切です。

「職業準備性」につながる「自立活動の指導」

　高等学校で通級による指導を受けている生徒の場合、「職業準備性」の内容は、通級による指

導で行われる自立活動の指導の内容とも一部関連していることを意識して、指導に取り組めると良いでしょう。これにより、自立活動の指導における、生徒の「今」の学びが、進学先卒業後の「就労」にどのように結びついてくるか、イメージを深めることができます。また、生徒が複数の困難を考えていた場合は、進学先卒業後の「就労」を見通しながら、自立活動の指導で優先的にアプローチする内容を検討する、といったこともできるかもしれません。例えば、自立活動の内容のうち、「生活のリズムや生活習慣の形成に関すること【区分：健康の保持】」（健康状態の維持・改善に必要な生活のリズムを身につけること、生活習慣の形成、健康な生活環境の形成を図ること）に関する学びは、「職業準備性」のうち、生活面に関する困難の軽減につながることがされます。また、「他者とのかかわりの基礎に関すること【区分：人間関係の形成】」（人に対する基本的な信頼感をもち、他者からの働きかけを受け止め、それに応ずることができるようにすること）に関する学びは、「職業準備性」のうち、対人面に関する困難の軽減につながることがされます。ただし、自立活動の指導の内容は、生徒が現在抱えている学習上または生活上の困難の改善・克服に資するものでなければなりません。自立活動の指導について十分に理解したうえで取り組んでいくことが必要です【自立活動については、序（22 頁）で解説】。

図　職業準備性ピラミッドの視点に基づく学習指導

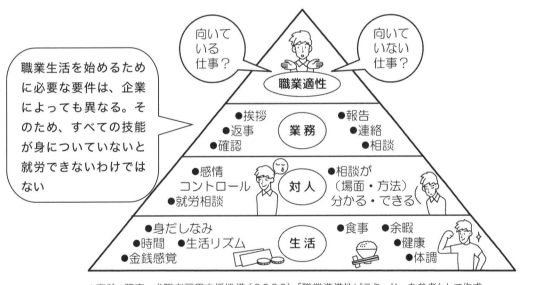

＊高齢・障害・求職者雇用支援機構（2022）「職業準備性ピラミッド」を参考として作成

図　就労段階で求められる対人面の力を見据えた学校段階での指導

発達障害のある学生への修学支援の状況

　ここでは、発達障害のある生徒・学生が大学、短期大学、高等専門学校（高等教育機関）の入試や入学後に受けられる可能性のある配慮や支援について、（独）日本学生支援機構（2022）の「令和3年度（2021年度）障害のある学生の修学支援に関する実態調査」から紹介します。

入試の配慮

　発達障害のある生徒の入試では、受験上の配慮を行った受験者は476人、合格者は210人でした。入試での配慮の内容は、多い順に、「その他（135校）」「別室を設定（120校）」「試験時間の延長(62校)」「文書による伝達(56校)」「トイレに近接する試験室に指定（23校）」等でした。

授業の支援

　発達障害のある学生への授業支援を行っている高等教育機関は588校でした。授業支援の内容は、多い順に、「配慮依頼文書の配布（439校）」「出席に関する配慮（301校）」「授業内容の代替、提出期限延長等（297校）」「講義に関する配慮（280校）」「教室内座席配慮（227校）」「学習指導（226校）」「注意事項等文書伝達（211校）」「履修支援（207校）」「試験時間延長・別室受験（159校）」「実技・実習配慮（141校）」等でした。

授業以外の支援

　発達障害のある学生への授業以外の支援を行っている高等教育機関は509校でした。授業以外の支援の内容は、多い順に、「専門家によるカウンセリング（373校）」「自己管理指導（271校）」「対人関係配慮（220校）」「就職支援情報の提供、支援機関の紹介（185校）」「キャリア教育（164校）」「居場所の確保（157校）」「医療機関との連携（155校）」「障害学生向け求人情報の提供（142校）」「就職先の開拓、就職活動支援（137校）」「情報取得支援（130校）」等でした。

まとめ

　入試の配慮で最も多いのは「その他」であり、一人一人に応じた配慮が行われていることが伺えます。また、授業の支援では、文書配布による全般的な配慮やさまざまな支援、また授業以外の支援では、学校生活を送るうえでのさまざまな支援と就職に向けた支援が行われています。

　このように、発達障害のある生徒・学生に対し、入試や入学後にさまざまな配慮や支援が行われています。配慮や支援を申請する際の参考にしていただければと思います。

　なお、入試の配慮にあたっては、障害があることの証明と、これまでの配慮・支援の実績が必要となりますので、計画的に申請準備を行うことが重要です。

別室受験

試験時間の延長

コラム②

大学の支援者の困りごと

ここでは、大学の支援者が発達障害のある学生を支援するときに、どのような困りごとを感じているかを、著者が関わった調査(榎本ら、2018)から紹介します。支援者の困りごとを知ることで、どのような取り組みや支援が役立つかを考えることができるのではないでしょうか。

調査の概要

全国の4年制大学のキャリアセンター751か所にアンケート調査を行い、257か所から回答を得ました（回収率：34.2%）。そのうち、直近2年以内に、発達障害の学生の支援経験があったのは168か所でした。質問では、自由記述式で、「発達障害の学生に、就労準備に向けた支援を実施するうえで困っていること」を尋ねました。質問に回答したのは62か所でした。

支援者の困りごとの九つのカテゴリ

質問の回答文を分析した結果等を参考にして、支援者の困りごとについて九つのカテゴリを作成しました（図）。そのカテゴリは、「①実態把握の難しさ」「②早期からの支援の難しさ」「③専門的知識やスキルの不足（障害特性の自覚が乏しい学生への支援や受診に向けた支援等）」「④現行の体制での支援の充実の限界」「⑤保護者の理解不足と連携の難しさ」「⑥大学内部署との連携の難しさ」「⑦大学外関係機関との連携の難しさ」「⑧企業の理解の不足と連携の難しさ」「⑨学生の自身の障害特性の自覚・受けとめの難しさ」でした。

このうち、回答が多く挙げられていた内容の上位三つは、「専門的知識やスキルの不足」「学生の自身の障害特性の自覚・受けとめの難しさ」「保護者の理解の不足と連携の難しさ」でした。

調査結果から、大学において、本人の自己理解や保護者との連携が課題であること、支援者は大学卒業後の就労に向けた指導・支援にあたり苦慮している状況があることが伺えます。

今後は、進学先の支援者との意見交換を通じ、進学後に生じうる課題の予防・低減につなげていくことが望まれます。

図　支援者の困りごとの9カテゴリ

4 ここが知りたい大学進学支援 Q&A

発達障害のある生徒の進学先については、学びたい学問の分野（学部・学科・専攻）だけでなく、授業や学生生活全般に対して、どのような支援内容や支援体制があるのか、大学卒業後の進路をどのように考えるのかなどを総合的に検討していくことが重要です。

 大学進学に向けて高等学校ではどのような取り組みが必要になりますか

大学生活では、必要な情報を自ら得て、定められた方法や期限などを守りながら、臨機応変に行動することが必要です。グループ活動も増え、他者と協働する能力も求められます。よって、高等学校では、さまざまな人との関わりの中で、ルールを守りながら、得意なことや苦手なことを自己理解していく取り組みが重要です。苦手なことに対する工夫や、周囲への支援の求め方などを学び、大学での支援にスムーズにつながるようにしていきましょう。

生徒自らが考え、行動するよう支援する

また、進学希望であっても、インターンシップなどの就業体験は、将来の進路を考え進学先の吟味につなげたり、自分に必要な社会的スキルや日常生活管理などについて学べたりする機会となります。実施にあたっては、できるだけ生徒自らが考えて行動し、その結果を自己理解につなげていけるよう支援していきましょう。

 大学生活と高校生活の違いを教えてください

大学では、学生生活全般において、自分で計画を立てて、周囲と協力しながら行動することが求められます。例えば、卒業要件に合った履修登録、授業ごとに異なる教室への移動、レポート提出や定期試験への対応などの場面で、ルールを理解し、自分でスケジュールを守って実行していくことが必要です。グループワークや実習科目などの授業や、サークルやボランティア活動などの課外活動では、なじみのない人と話したり、さまざまな年代や属性の人と協力して行動したりする場面が増えていきます。

日常生活管理を自分で行えるように

また、翌日の授業を考慮して早寝早起きしたり、アルバイトの時間に遅刻しないようにしたりするなど、日常生活管理も自分で行う必要があります。高等学校までの「○年○組」のようなクラスもないため、休み時間をどこでどのように過ごすかなども戸惑いを生じやすい場面です。

基礎的な学力やＰＣスキルの修得

大学では、高等学校の時よりも頻繁にレポートを書いたり、英語の文献を読んだり、理系の学科の場合は高度な数式を解いたりすることも求められます。また、パソコンの表計算ソフトを使ってデータの分析をしたり、プレゼンテーションソフトを使って発表の資料を作ったりすることも多くなるので、大学の授業に対応できるような基礎的な学力やパソコン操作に対する準備も必要です。

通学に慣れる

障害の特性によっては、例えば、通勤ラッシュ時の混雑した閉鎖的な環境下に長くいることが難しい場合もあるでしょう。大学入学前までに、実際に通学する時間帯に大学まで交通機関を使用して電車の乗り換えなども体験し、大学にスムーズに通うことができるような工夫を考えていきましょう。

ストレス管理

特に大学への入学当初は慣れない環境へ速やかに適応していくことが難しく、ストレスが溜まって体調を崩したり、障害特性の現れ方が顕著になったりすることが考えられます。高等学校までに、自分の心身の状態に気づいて、自分で対処したり、必要な支援を求めたりすることができるようなスキルを身につけておくことが重要です。

一人暮らし

大学入学を機に一人暮らしを始めた場合、日常生活に関することをすべて自分で行わなければなりませんが、スケジュール管理や同時並行の作業が苦手な場合などは、生活のリズムが崩れ、不健康な生活になりがちです。実家にいるときから、計画性のある生活の仕方を練習しておく必要がありますが、一人暮らし開始の頃は、無理に一人でがんばらせるのではなく、保護者や近隣の支援者などが定期的にサポートできるような体制を整え、何かアクシデントがあったときの緊急連絡先を見えるところに貼っておくなど、不測の事態でパニックにならないような手段を準備しておきましょう。

 ## 大学選びのポイントを教えてください

大学選びでは、大学案内やホームページなどで、学業に関するポリシー（方針）についても確認しましょう。例えば「カリキュラム・ポリシー」には、どのような授業を行うのか、どのように成績を評価するのかなどの方針が記載されています。学業における支援では、ポリシーで示した教育内容を変更しない範囲での合理的配慮が行われることになります。

オープンキャンパスなどの活用を

　また、障害のある学生への支援に関する基本方針や支援体制などについてもよく確認しましょう。障害学生支援室、学生相談センター、キャリアセンターなどの支援部署のホームページには、支援事例や支援行事の実施報告などが記載されている場合もあります。

　そして、オープンキャンパスなどの機会では、実際の通学経路をたどってみて、キャンパスの物理的な環境面を確認し、自分の特性に対する合理的配慮について相談してみましょう。可能であれば、通常の授業日に大学見学に行き、普段のキャンパスの様子を確認することも望ましいでしょう。

 本人の適性に合わないと思われる大学の学科を希望しています。どのような支援が必要でしょうか

> 物事への興味や思い込みが強いという特性により、特定の学科への進学に過剰にこだわる場合には、興味のある分野を出発点に、関連する分野をいくつか提示し、それらの分野の学習がどのような仕事につながるかなどを一緒に検討し、進路の選択肢を増やしていきましょう。

長期的な視点でさまざまな選択肢を考えられるよう支援する

　また、進学したい学科の授業でどのような学習方法が行われるのかを調べて、例えば、実習の授業が多い学科であったら、自分の特性で対応可能なのかを具体的に考えられるように支援します。オープンキャンパスの模擬授業などで難しかったことや気づいたことを一緒に振り返るなどして、その学科への進学が現実的かを検討していきましょう。

　本人による対処の工夫や周囲の配慮・支援のあり方によっては、希望する学科で学べる可能性もあります。その大学での学びから将来の進路選択まで長期的な視点で検討し、さまざまな選択肢を生徒自らが考えていけるように支援しましょう。

三つの「ポリシー」

　その大学に所属するすべての学生に適用される学業についての基本的な方針であり、合理的配慮によって変更されるものではありません。したがって、これらのポリシーを参考に、自分がその大学での学びに対応できそうか、どのような支援が許可の対象になりそうかなどを検討して、大学選びの参考にすることができます。

　ディプロマ・ポリシー：大学や学部・学科の教育理念に基づいた卒業認定や学位授与の要件に関する方針。

　カリキュラム・ポリシー：ディプロマ・ポリシーに基づいた教育課程、教育内容・方法、評価基準に関する方針。

　アドミッション・ポリシー：教育理念、ディプロマ・ポリシー、カリキュラム・ポリシーに基づいた入学者の受け入れに関する方針。

望まない学科への進学を希望する場合

　自分の興味のある学科にこだわるのとは逆に、興味があるのに「この学科では無理」と、本人や保護者が消去法で望まない学科への進学を希望する場合もあります。不本意な入学をしてしまうと、その大学への適応のためのモチベーションが高まらず、必要な支援につながらないまま、心身の健康に影響が出たり、不登校や退学に至ったりするケースもみられます。望まない学科への進学を希望した場合は、本当に興味のある学科で学ぶことが難しいのか、どのような支援を受けたら学んでいけそうかなどについて、大学での支援体制なども調べたうえで、本人や保護者の気持ちに寄り添いながら、さまざまな選択肢を一緒に検討していきましょう。

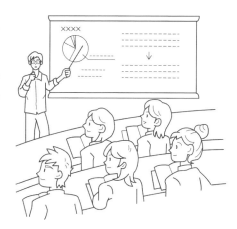

 大学ではどのような支援を受けることができますか

大学で受けられる支援としては、学業への支援、学生生活への支援、キャリア形成や就職活動への支援などがあり、大学の支援方針に基づく合理的配慮の範囲内で行われます。
なお、大学における支援については、学生からの申し出を基本としており、本人が支援を要請しなければ、支援が提供されることはありません。

学業への支援例

　卒業要件を満たした科目選択の相談、パソコンによる履修登録作業のサポート、授業の教室の場所の確認、急な休講や教室変更などの個別連絡、講義や実習授業の受講に関するサポート、レポート提出や定期試験に関するサポート、教員とのやり取りに関するサポートなど。

学生生活への支援例

　他の学生や教職員などとの人間関係に対するサポート、サークルやボランティア活動などの課外活動に対するサポート、体調やメンタルヘルスに対するサポート、スケジュールや持ち物の管理などの学生生活を円滑に送るためのサポート、身だしなみや服装などに関するサポートなど。

キャリア形成や就職活動への支援例

　進路選択や就職活動に関する個別相談、障害学生向けガイダンスやセミナーなどの開催、一般の就職イベント参加時の合理的配慮、障害者対象の求人情報の提供、学外の就労支援機関の紹介、障害者手帳の取得のサポートなど。

 大学にどのような情報を引き継げば
良いでしょうか

> 高等学校から大学に生徒の情報を引き継ぐ際には、個人情報の保護に十分留意しましょう。引き継ぐ情報は、生徒の支援に関係することのみで、必ず生徒や保護者の同意を得ることが必要です。大学の入学書類の中に、支援が必要な入学者が提出する「支援要請書」などが含まれている場合もあるので、それを活用しても良いでしょう。
> 引き継ぐ情報は、生徒の障害特性について（得意なこと・苦手なこと、言動の特徴、校内での過ごし方、学習の経過、心身の健康面、保護者との連携状況など）、その特性に対して高等学校ではどのように支援したのか（支援内容・期間、支援者の属性、支援での留意点など）、大学での支援において希望することなどで、できるだけ具体的に伝えるようにします。

大学の教員による支援

　大学では、授業科目が高等学校より多く、一人の学生への支援に関わる教員の数も多くなります。授業の実施方法は担当教員によってさまざまで、障害のある学生への支援に関する教員の知識や経験値には差があるので、例えば、同じ講義という形式による授業でも、実際の支援の内容が教員によって異なり、学生が戸惑ってしまうケースもあります。授業においては、障害学生支援室や学務課などの支援部署が教員と連携して支援を行うので、授業での支援について何か困ったことがあったら、まずは支援部署に相談できるような「支援を求める力」を高等学校時代から身につけていくことが大切です。

ピアサポーター、学生サポーター

　大学では、教職員による支援の他に、障害のある先輩学生であるピアサポーターや、発達障害の特性や支援方法などについて学んだ学生サポーターによる支援が行われる場合もあります。ピアサポーターからは、これまで大学で過ごしてきた経験をもとに、授業や学生生活に関すること

や支援の上手な活用方法などをアドバイスしてもらったり、悩みなどの相談に乗ってもらったりして、自分の大学生活や支援のあり方などに役立てると良いでしょう。また、学生サポーターと接することは、同世代の人たちとどう付き合っていったら良いかを学ぶ機会ともなり、将来の社会生活に役立つ経験となるでしょう。

高等学校から大学に情報を伝えるタイミング

　高等学校から大学に支援に関する情報を伝えるタイミングとしては、大学選びのために支援が可能かを問い合わせるとき、入試での合理的配慮を要請するとき、入学時に大学での支援を要請するとき、入学後に支援が必要になったときなどのケースが考えられます。いずれのタイミングにしても、その時期に適切な支援を受けられるために必要な情報のみを、本人や保護者の許可のもとで個人情報保護に留意して伝えるようにしましょう。

メモ　基礎的・汎用的能力

以下の四つの能力・態度から構成されています。

「人間関係形成・社会形成能力」

　多様な他者の考えや立場を理解し、相手の意見を聴いて自分の考えを正確に伝えることができるとともに、自分の置かれている状況を受け止め、役割を果たしつつ他者と協力・協働して社会に参画し、今後の社会を積極的に形成することができる力。

「自己理解・自己管理能力」

　自分が「できること」「意義を感じること」「したいこと」について、社会との相互関係を保ちつつ、今後の自分自身の可能性を含めた肯定的な理解に基づき主体的に行動すると同時に、自らの思考や感情を律し、かつ、今後の成長のために進んで学ぼうとする力。

「課題対応能力」

　仕事をするうえでのさまざまな課題を発見・分析し、適切な計画を立ててその課題を処理し、解決することができる力。

「キャリアプランニング能力」

　「働くこと」の意義を理解し、自らが果たすべきさまざまな立場や役割との関連を踏まえて「働くこと」を位置付け、多様な生き方に関するさまざまな情報を適切に取捨選択・活用しながら、自ら主体的に判断してキャリアを形成していく力。

出典：中央教育審議会（2011）：今後の学校におけるキャリア教育・職業教育の在り方について（答申).

メモ　キャリア・パスポート

　「児童生徒が、小学校から高等学校までのキャリア教育に関わる諸活動について、特別活動の学級活動及びホームルーム活動を中心として、各教科等と往還し、自らの学習状況やキャリア形成を見通したり振り返ったりしながら、自身の変容や成長を自己評価できるよう工夫されたポートフォリオ」のことをいいます。

出典：文部科学省（2019）：「キャリア・パスポート」の様式例と指導上の留意事項.

大学入学前までに身につけたい力

入学後に円滑な大学生活を送るためには、高等学校段階から、大学入学後を見据えた取り組みを行うことが重要となります。ここでは、大学入学前までに身につけたい力に焦点をあて解説します。

自分の「困りごと」を認識すること

大学に入学すると、まず多種多様なガイダンスに無事に出席し、高等学校までとは異なる授業や学生生活のシステムに早く慣れることが求められます。

何かわからないことやできないことがあった時には、そのことを大学の教職員や友人・先輩たちに相談して必要な支援を得ることになりますが、発達障害のある学生は、自分が困った状態にあることに気づかず、周囲からの支援につながりにくい場合があります。

本人が戸惑ったり、不安な気持ちになったりする時の「困りごと」を自己認識できるようになるためには、高等学校において、さまざまな行動場面を体験できるような機会を提供することが重要です。

例えば、学園祭での模擬店の運営や、学内外でのインターンシップなどは、社会に出た時に近い場面での体験を通じて、自分はどのような物事が苦手で、その時にどのような気持ちになるのかの傾向を自己理解することにつながり、大学進学の先にある将来のキャリア形成や進路選択を見越した経験となるでしょう。

周囲への「相談力」を身に付けること

そして、「困りごと」を自覚すること

ができるようになったら、次はその「困りごと」を軽減していくために、周囲に解決策を質問したり、支援をお願いしたりする「相談力」を身に付けていくことが重要です。

「相談力」を身に付けるためには、本人の相談よりも先に周囲が手助けをしてしまうのではなく、本人が自ら「困りごと」を周囲に伝えることができるように、伝え方や伝えるタイミングなどを本人と一緒に考えていくことが大切です。

なお、「相談力」は、学校生活の中だけで身に付けていくものではなく、家庭や地域などでの日常生活の中でも培っていけるものです。特に、つい先走って手助けをしてしまう保護者に対しては、学校での支援方針や支援内容を丁寧に説明し、家庭におけるサポートと齟齬が生じないようにしましょう。あくまでも本人が自己理解を深め、自分で行動できるようになるために、周囲が協力して支援していくことが重要です。

○○を教えていただけませんか ○○に困っているのですが

コラム④

大学入学後のフォローアップ

生徒の大学入学後の状況について高等学校はどの程度把握しており、また、どのようなフォローアップを行っているでしょうか。ここでは、フォローアップを行ううえで留意したい点について解説します。

高等学校卒業後に・・・

ある高等学校の先生から、「春になると、大学に進学した卒業生が「履修登録の締め切りに間に合わない！」と職員室に駆け込んでくることがあるんです」という話を聞いたことがあります。

大学入学後の支援については、基本的に大学の支援者が中心となって行いますが、大学での支援がスムーズにいかない場合や、もう少し支援を強化したい場合など、大学から高等学校に支援についての問い合わせや相談をする場合があります。

また、大学生活がうまくいかず、慣れ親しんだ高等学校の支援者のもとに向かう学生がいて、高等学校側から大学の支援者に連絡を行う場合も見受けられます。

現在の大学での支援を意識した
フォローアップを

顔見知りの卒業生が支援を求めてきた場合、「そんなに困っているなら…」と親切心から場当たり的な支援をしてしまわないようにすることが大切です。

それぞれの大学には、大学のルールに則った合理的配慮の方針や運用方法があるので、卒業生が高等学校に支援を求めてきた際は、まずは話を丁寧に聞いたうえで、「いま大学で困っていることはどのようなことか」「その困りごとについて相談できる大学の支援部署はどこか」「どのように困りごとを支援部署に伝えたら良いか」などを一緒に整理していきましょう。

そして、必要に応じて、個人情報保護などに十分留意したうえで大学の支援者に連絡を取るなど、現在の支援の主体は大学であることを前提としたフォローアップを心がけていくことが大切です。

学生をあたたかく見守る立場として

特に大学に入学した直後の卒業生にとっては、慣れ親しんだ高等学校という場所は、新しい環境での緊張を少しでも解いて安らぐことのできる大切な場所だと思います。また、大学の支援者にとっても、高等学校の支援者と連携できることは、支援を進めるうえで安心できる要因となります。

卒業生が高等学校に支援を求めてきた場合は優しく受け入れ、しかし、実際の支援は大学にゆだねるという立場で、あたたかく学生を見守っていきましょう。

特別支援学校のセンター的機能を活用した進学支援

ここでは、障害のある生徒の指導・支援について相談できる地域の専門的な機関の一つとして、特別支援学校を紹介します。

特別支援学校のセンター的機能

障害のある生徒に対して、支援を行うことが必要となった際や、より効果的な支援を行う必要が生じた際に、「何から始めたら良いのだろう」と悩む必要はありません。豊富な実践に基づく専門性を有した特別支援学校からの助言または支援を得ることが有効です。

特別支援学校が有する機能として、地域における特別支援教育に関する相談のセンターとしての役割が求められており、高等学校も、特別支援学校からの助言または支援を受けることができます。なお、初めて助言または援助を要請する際には、管理職や校内の特別支援教育コーディネーターを窓口にすると良いでしょう。

センター的機能の具体的内容

特別支援学校は、地域における特別支援教育のセンターとして、各学校の要請に応じて、教育上特別の支援を必要とする児童生徒等の教育に関して、必要な助言または援助を行うよう努める必要があります（学校教育法第74条）。特別支援学校は、それぞれの地域における各学校の特別支援教育を支援する中核であると言えるでしょう。

特別支援学校の「センター的機能」の具体的内容は、次の6点として整理することができます（文部科学省, 2017b）。

① 各学校の教職員への支援機能
② 各学校の教職員に対する研修協力機能
③ 特別支援教育に関する相談・情報提供機能
④ 個別の指導計画や個別の教育支援計画等の作成への助言など、児童等への指導・支援機能
⑤ 教育、医療、保健、福祉、労働等の関係機関等との連絡・調整機能
⑥ 児童等への施設設備等の提供機能

センター的機能を活用した進学支援

特別支援学校においても、大学などの上位学校への進学を希望する生徒が在籍しており、生徒のニーズに応じて進学に向けた支援や進路指導を行っています。

具体的には、在籍時に受けていた支援内容を上位学校へと引継げるよう資料化することや、入試の受験時における特別な配慮に関する情報、支援や配慮の受け方などに関するアドバイスなど、多岐に渡ります。大学などにおける支援体制の具体的な状況については、設置者である法人の考え方や取り組み状況などによってさまざまであることが考えられますが、特別支援学校が関連情報を有していることもありますので、相談してみると良いでしょう。

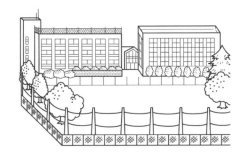

····· コラム⑥ ·····

個別の教育支援計画の引継ぎ

　本人・保護者の同意を得たうえで、進学先への円滑な移行に向けて、情報を引継ぎ、共有することが重要となります。ここでは、「個別の教育支援計画」の引継ぎについて解説します。

個別の教育支援計画の意義

　発達障害等を有する生徒に対する支援を充実させるためには、在籍する高等学校等のみが生徒に対する支援を検討するのではなく、入学前に中学校などで受けてきた支援の内容や、生徒の実態、生育歴や教育歴、他の支援機関等に関わる情報など、支援の記録を引継ぐことで、より効率的かつ効果的に支援を引き継ぐことができます。

　また、高等学校等で実際に行ってきた支援の内容等は、進学先や就労先にとっても大切な情報となります。発達障害等のある生徒にとって、このような「切れ目ない支援」を受けることには、大きな意義があると言えます。

　また、知的障害を伴わない発達障害のある生徒の場合、課題や活動に本質的な変更を加えなくても、配慮があることにより参加したり達成したりすることが可能な場合があります。例えば、「読む」ことや「書く」ことに困難さがある生徒に対する課題は、規定よりも長い時間を確保するといった配慮が考えられます。こうした配慮の具体的な内容は、生徒一人ひとりによって違いがあることから、障害名や診断名をもって配慮の内容を決めるのではなく、個別に判断する必要があります。

進学や就労等に向けた取り組み

　発達障害等のある生徒が、将来の進路を主体的に選択するためには、高等学校段階のみならず、早い段階から進路指導の充実を図ることが大切です。個別の教育支援計画には、本人の希望や保護者の願いなどについて記入する欄が設けられていることがありますが、こうした欄を活用し、自身の希望や願いを聞き取り、受け止めながら、段階的に自己の生き方や進路を選択することができるよう、生徒自身の障害受容を進めたり、社会参加に必要となる主体的な取り組みを促したりしていくことが大切となります。

　そのためには、発達障害などのある生徒の学習上または生活上の困難さ、配慮事項等について、進学先や進路先に具体的に引き継ぐことが大切です。

　しかし、これまで蓄積してきた資料や情報をそのまま引き継ぐだけでは、ともすると、優先すべき支援の内容や、まず取り組むことが可能な支援の内容を解読することに時間がかかってしまい、かえって効率的な引継ぎ資料とはならない場合があります。

　そこで、数ある情報の中から取捨選択し、情報に優先順位を付けることや、まっさきに理解してもらう必要がある事項について、情報を精査することが必要となります。学校等によっては、社会や上位学校等への移行に伴って、個別の教育支援計画の内容を精査・整理した「移行支援計画」といった資料を作成している場合もあります。

「パート1」引用・参考文献

文部省（1994）：進路指導の手引―中学校学級担任編（三訂版）.

文部科学省（2023）：高等学校卒業者の学科別進路状況. 令和4年度学校基本統計（学校基本調査報告書）.
　https://www.mext.go.jp/a_menu/shotou/shinkou/genjyo/021203.htm （2023年6月8日）

榎本容子・清野絵・木口恵美子 (2018)：大学キャリアセンターの発達障害学生に対する就労支援上の困り感とは？―質問紙調査の自由記述及びインタビュー調査結果の分析から―. 福祉社会開発研究, 10, 33 - 46.

厚生労働省（2001）：キャリア・コンサルティング技法等に関する調査研究報告書の概要.

厚生労働省（2016）：高等学校におけるキャリア教育実践講習テキスト.

高齢・障害・求職者雇用支援機構（2022）：令和4年度版　就業支援ハンドブック.

障害者職業総合センター（2008）：就職支援ガイドブック…発達障害のあるあなたに….
　https://www.nivr.jeed.go.jp/research/kyouzai/24_guidebook.html （2023年5月18日 閲覧）

高橋知音編著（2014）：発達障害のある人の大学進学―どう選ぶか どう支えるか. 金子書房.

中央教育審議会（2011）：今後の学校におけるキャリア教育・職業教育の在り方について（答申）.

中央教育審議会初等中等教育分科会高等学校教育部会 (2014)：初等中等教育分科会高等学校教育部会　審議まとめ〜高校教育の質の確保・向上に向けて〜.

日本学生支援機構（2022）：令和3年度（2021年度）大学、短期大学及び高等専門学校における障害のある学生の修学支援に関する実態調査結果報告書.

日本学生支援機構ホームページ.

文部科学省（2011）：高等学校キャリア教育の手引き.

文部科学省（2017a）：高等学校における「通級による指導」実践事例集　〜高等学校における個々の能力・才能を伸ばす特別支援教育事業〜

文部科学省（2017b）発達障害を含む障害のある幼児児童生徒に対する教育支援体制整備ガイドライン.

文部科学省（2019）：「キャリア・パスポート」の様式例と指導上の留意事項.

文部科学省（2021）：学校基本調査.

文部科学省（2022）：小学校キャリア教育の手引き.

NPO法人 Wing PRO（2015）：発達障害のある（または疑われる）大学生に対する効果的な就職支援のあり方に関する調査

パート **2**

知っておきたい
制度・施策と大学の取り組み

　パート2は、発達障害のある生徒に対し、キャリア教育・進路指導を進めていくうえで知っておきたい進学に関わる制度・施策のポイントを、大学進学に焦点を当て取りまとめています。また、大学入学後のキャリア教育、就労支援について紹介しています。

　大学生活やその後の就労について見通すことで、高等学校における指導・支援をより良く進めていくことができると考えます。

　発達障害のある生徒の進学支援について知識を深めたい方の自己研鑽に役立つようにまとめています。

大学進学や修学に関する施策と大学の取り組み

1 大学受験時や入学後の合理的配慮申請について教えてください

大学受験時及び入学後の合理的配慮申請にあたっては、高等学校在学段階からの計画的な準備が必要です。ここでは、そのために必要な基本的知識について解説します。

大学入試における特別措置

まず、大学受験時の合理的配慮申請について解説します。

大学入学共通テスト

2023（令和5）年度の大学入学者選抜にかかる大学入学共通テスト「受験上の配慮案内（障害等のある方への配慮案内）」（独立行政法人大学入試センター，2022）では、受験に際して、次のような配慮事項及び配慮例が示されています（**表** 「**大学入学共通テストにおける『授業上の配慮案内』**」参照）。

表　大学入学共通テストにおける「受験上の配慮案内」

配慮事項	発達障害のある者への配慮（例）
・解答方法や試験時間に関する配慮	**＜全ての科目＞** ・試験時間の延長（1.3倍） 　※1.5倍の延長についても備考に記載あり。 ・チェック解答 ・拡大文字問題冊子（14ポイント）の配付 ・拡大文字問題冊子（22ポイント）の配付 ・注意事項等の文書による伝達 **＜リスニング＞** ・試験時間の延長（1.3倍） 　※連続方式：ICプレーヤー（受験者自身が操作）にヘッドホンを接続 　※音止め方式：CDプレーヤー（監督者が操作）にヘッドホンを接続 ・試験時間の延長なし 　※チェック解答を希望する者：ICプレーヤー（受験者自身が操作）にヘッドホンを接続
・試験室や座席に関する配慮	・別室の設定
・持参して使用するものに関する配慮	（例示なし。特製机・椅子の持参使用などが想定される）
・そのほかの配慮	・試験室入口までの付添者の同伴

令和 **5** 年度
大学入学者選抜に係る
大学入学共通テスト
受験上の配慮案内
〔障害等のある方への配慮案内〕

出願前申請の場合	令和4年8月1日（月） ～9月22日（木）（消印有効） ※出願前に適合校等の通知を希望する場合は、9月5日（月）（消印有効）までに申請してください。
出願時申請の場合	令和4年9月26日（月） ～10月6日（木）（消印有効）

独立行政法人 大学入試センター

※詳しくは、大学入試センターにて、最新年度の案内を確認されたい。

＊独立行政法人大学入試センター（2022）「受験場の配慮案内（障害等のある方への配慮案内）」を参考として作成。

　これらの配慮事項は、障害などの種類や程度にかかわらず、必要に応じて、申請することができ、複数の配慮事項を申請することや、記載がない配慮事項を申請することもできると示されています。

　発達障害のある生徒の配慮申請にあたっては、「受験上の配慮申請書」「診断書（発達障害関係）」「状況報告書（発達障害関係）」「志願票等の所定の書類」を提出することが示されています。また、場合により（たとえば、試験時間の延長1.5倍の申請）、これらの様式に加え、配慮申請を求める具体的な理由や、これまでの取り組み等を示した資料（任意の様式で学校長または専門家が作成したもの。個別の教育支援計画や個別の指導計画の写しも可）を提出する必要があることが示されています。

　配慮事項の申請は、2023（令和5）年度では、出願前申請で8月1日〜9月22日、出願時申請で9月26日〜10月6日と示されており、計画的な準備が必要です。申請にあたり疑問点やわからないことなどがあれば、早めに大学入試センターに相談しましょう。

入学選抜に関わる実態調査

　独立行政法人日本学生支援機構は、全国の国立・公立・私立の大学・短期大学・高等専門学校（1,173校）を対象として、障害のある学生の修学支援に関する実態調査を行っています。

　障害のある生徒の入学者選抜における配慮の体制に関して同機構が行った2021（令和3）年度の調査結果（回収率100%）によると、2021（令和3）年度入学者選抜における、入試要項等への障害学生配慮に関する記載状況は、「入試要項（紙）およびホームページに記載している」学校が880校、入学選抜における配慮についての事前相談の受付方法は、「全学共通のルールで期間を設けている」学校が576校でした。受験する大学について、事前にこれらに関する情報収集を行うことが重要といえます。

　なお、同調査では、発達障害のある学生数の捉え方が次のとおり整理されており、高等学校で発達障害の生徒を捉える際の参考になると考えられます。

医師の診断書がない場合は「障害学生数」に含めない。しかし、学校における支援の実態等に鑑み、以下の定義により発達障害（診断書無・配慮有）の学生数、支援内容について回答を得ている。

＜発達障害（診断書無・配慮有）＞

発達障害があるとの医師の診断書はないが、発達障害があることが推察されることにより、学校が何らかの支援（教育上の配慮等）を行っている者

※何らかの支援（教育上の配慮等）とは、学内の組織、部署等の業務として行っているもので、一部の教職員が個人的に行っているものを含まない。

　また、同調査結果によると、「入学者選抜において実施した配慮の内容」について、発達障害のある生徒に対する配慮の上位3項目は次のとおりでした。

　配慮申請にあたっては、計画的な準備が必要です。疑問点やわからないこと等があれば、早めに大学に相談しましょう。

> ・ＳＬＤ：限局性学習症／限局性学習障害
>   　　　別室を設定、試験時間を延長、（チェック解答、拡大文字問題の準備）
> ・ADHD：注意欠如・多動症／注意欠如・多動性障害
>   　　　別室を設定、試験時間を延長、文書による伝達
> ・ＡＳＤ：自閉スペクトラム症／自閉症スペクトラム障害
>   　　　別室を設定、試験時間を延長、文書による伝達

　最後に、文部科学省（2012）「障がいのある学生の修学支援に関する検討会報告（第一次まとめ）」によれば、入試や単位認定等のための試験では、評価基準の変更や及第点を下げる等は合理的配慮ではなく、障害のある学生の能力・適正等を適切に判定するために、障害のない学生と公平に試験を受けられるよう配慮することが合理的配慮であると指摘しています。配慮申請にあたっては、この点について理解しておくことが必要です 。

大学等における合理的配慮の内容の決定の手順

次に、入学後の合理的配慮申請について解説します。大学等における合理的配慮の内容の決定の手順は、小学校、中学校、高等学校等（以下、「高校等」という）における手順と同様です。ここでは、大学等における合理的配慮の内容の決定の手順と留意事項等について、高校等との違いも含めて整理します。

支援・配慮要請の申し出

　高校等においては、多くの場合、教師や保護者が本人の思いや願いを聞き取りながら、個々の生徒の教育的ニーズに応じて合理的配慮が検討・提供されます。大学等における合理的配慮の検討は、原則として「学生本人からの申し出」によって始まります。また、高校等においては、障害のある生徒で、配慮が必要であるにもかかわらず、申し出がうまくできない状況にある場合には、本人の意向を確認しつつ、申し出ができるよう支援していますが、大学等においては、このような支援に限界がある点に留意が必要です。

　【「支援や配慮を要請することの難しさ」については、パート1（33頁）参照】

実態把握

　高校等においては、合理的配慮の提供に関する意思の表明に基づき、詳細な実態把握が行われます。大学等においては意思の表明に対する根拠資料の準備が必要となります。「障害のある学生の修学支援に関する検討会報告（第二次まとめ）（文部科学省，2017）」では、次のような根拠資料を準備して、機能障害の状況と必要な配慮との関連が確認できることを明確にする必要があることが例示されています。

・障害者手帳の種別・等級・区分認定

・適切な医学的診断基準に基づいた診断書

・標準化された心理検査等の結果

・学内外の専門家の所見

・高等学校・特別支援学校等の大学等入学前の支援状況に関する資料

合理的配慮の提供にかかる検討

　高校等においては、本人と保護者、学校、設置者（教育委員会）等が合理的配慮の必要性や内容の検討、均衡を失したまたは過度の負担について検討、基礎的環境整備の確認などを行う中で、合意形成を図りながら合理的配慮が検討されています。大学等においては、障害のある学生本人の意思決定が重視されながら、建設的な対話により合意形成を図っていきます。また、合理的配慮の内容が妥当かどうかの判断基準として、教育の目的・内容・評価の本質を変えないという原則があります。

　大学によっては、ディプロマ・ポリシー（学位授与の方針）、カリキュラム・ポリシー（教育課程編成・実施の方針）、アドミッション・ポリシー（入学者受入れの方針）、シラバス（授業計画）等に、合理的配慮の提供に関する具体的な記述がある場合があります。【大学における各ポリシーについては、パート1（48頁）参照】

合理的配慮の提供の決定、見直し

　一度決定した合理的配慮は、ずっと同じことを続けるというものではありません。高校等においては、合理的配慮の検討により決定した内容について、「個別の教育支援計画」へ明記することで、その後の支援にいかされ、見直されていますが、大学等においては、学生本人と関係者との対話の積み重ねにより、見直しが図られます。

　障害を理由とする差別の解消の推進に関する法律（2016（平成28）年4月施行）および、改正障害者差別解消法（2021（令和3）年5月公布 2024（令和6）年4月施行）によって、国公立、私立を問わず、すべての大学等において、不当な差別的取扱いの禁止及び合理的配慮の不提供の禁止が法的義務とされることになりました。大学等で手続きを踏んで提供される合理的配慮は、その後の進路にもつながります。このために、早期からの準備が必要です 。

円滑な移行に向け高等学校に期待したいこと

高校等において提供された合理的配慮は、個別の教育支援計画へ明記され、関係機関との連携やその後の支援にいかされています。ここでは、大学等における合理的配慮の内容の決定の手順を踏まえながら、高等学校に期待されていることについてまとめます。

意思の表明のための自己理解に関する指導

　大学等における合理的配慮の検討は、原則として学生本人からの申し出によって始まり、その際、根拠資料が必要となります。本人が合理的配慮の提供の必要性を訴え、その内容を検討して、合意形成を図るためには、高校等における支援や対話の積み重ねの経験が重要になります。特に、進学を目指す生徒については、一定の学力を有することや、次の進学先での支援への期待から、障害の特性に応じた指導が先送りされる場合があります。合理的配慮の提供に関する意思の表明のためには、自己の障害特性や、「苦手なこと」をカバーする「得意なこと」「良いところ」を理解しておく必要があります。このような自己理解を促す指導が必要になります。

　なお、高等学校においては、2018（平成30）年度に通級による指導が制度化されて、全国的にも広がっています。通級による指導では、個々の生徒の障害等に基づく学習上または生活上の改善・克服を目指す指導が行われることから、生徒の将来に向けた準備を進めるための有効な場と考えられます。【自己理解の指導・支援については、序（15頁）でも解説】

根拠資料の準備

　先に述べたように、大学においては、障害の状況と必要な配慮との関連が確認できることを明確にする必要があります。さらに、大学において個々の生徒の配慮の必要性や、内容等を検討するうえで、高等学校入学前、入学後の支援の積み重ねに関する資料も重要になります。それまでの支援内容の継続に向けた協議や、新たな支援の導入など、高校等を卒業後、生徒が主体となって取り組むことができるよう準備が必要です。

大学等の発達障害のある学生に対する支援状況に関する情報提供

　発達障害のある学生については、より多くの人を対象とした基礎的な環境整備のうえに、個々の学生に対する合理的配慮が提供されてます。大学によっては、基本ポリシーに、合理的配慮の提供に関する具体的な記述があることがあります【合理的配慮の提供にかかる検討 (61頁) 参照】。 このような基盤となる情報を進路に関する学習において事前に確認することが考えられます。また、日本学生支援機構が毎年実施している「大学、短期大学及び高等専門学校における障害のある学生の修学支援に関する実態調査結果」等からも具体的な取り組みが確認できます。

合理的配慮の検討・見直しにかかる指導

　合理的配慮の検討・見直しに際し、発達障害のある生徒と周囲の関係者との対話が重要になります。このためには、自身の困難さの現状を周囲に説明する能力や、困難さの改善に向けた提案や、周囲からの提案への同意、反論などのやりとりが必要になります。このために、複数の提案に対して、選択や決定を促しながら、その理由を説明するなどの取り組みが効果的であると考えられます。また、支援に対する一方的な要求や過度な依存とならないような指導や、支援を担当する窓口となる機関や担当者との円滑な関係の維持に向けた指導も必要です。

生徒および保護者への情報提供

　生徒や保護者の中には、発達障害があることで、受験や入学後、進路先の卒業後に不利になるのではないか不安を抱いている場合があります。そのような生徒の中には、進学先に発達障害のあることを伝えずに進学していることも考えられます。生徒が支援の必要性を感じた際に、行動できるよう情報提供しておくことが望まれます。

受験時の合理的配慮申請に向けた指導事例①

受験時の合理的配慮の申請にあたっては、これまで学校で取り組んだ配慮・支援の実績に基づき、「配慮の必要性」を示すことが必要となります。ここでは、「学習障害」のある生徒の合理的配慮の申請に向けて参考となる、学校での指導事例を紹介します。

読字障害のあるＡさんの場合

県立高等学校に在籍していたＡさんは、学習障害（読みが困難）があり、小学校３年生頃から教科書や、テスト問題を分かち書きするなどの支援を受けていました。また、通級による指導を利用して、言葉のまとまりごとにスラッシュが入った教材を活用したり、自らスラッシュを入れたりする練習をしました。Ａさんは、高校受験の際は、すべての教科の問題文にスラッシュを入れる申請を行い、認められました。

高校入学後は、通級による指導がありませんでしたが、すべての教科で教科書等にルビを振る支援がありました。特に、国語の指導では、担当教科の先生とＡさんで大学受験に向けて、次のような話し合いが行われました。１年次は教科担当者がスラッシュを入れる。２年次は、自分でスラッシュを入れ、必要に応じて時間延長を認める。３年次は、自分でスラッシュを入れ、時間延長は認めない。この内容は、状況を常に共有しながら進められました。

高等学校までの試験は、50分程度で行われますが、大学受験などは、90分から120分程度で行われます。結果的に、Ａさんは、校内の試験では、教科担当に

スラッシュを入れる支援を依頼し、校外の試験では自分でスラッシュを入れ、時間内に受験できるようになりました。

「試験の結果だけでなく、学びやすさに注目してもらえたことがうれしかった」

大学受験時の合理的配慮についても検討が行われ、結果的にＡさんは、問題の文章量が多いことから、国語と社会のみ受験場の配慮としてスラッシュを入れることを申請し、そのほかの教科については、特に配慮を求めませんでした。その後、Ａさんは、受験した大学に合格し学生生活を送っています。

大学生になったＡさんは、入学後すぐに障害のある学生の支援を担当している部署を訪問し、自分の障害についての説明や、必要な支援の依頼をしました。その際、すぐに支援の要請はせずに、講義等が始まってから検討することとしました。

後日、Ａさんの様子を確認すると、一部の科目についてスラッシュを入れる配慮や、タブレット端末の読み上げの利用など、ＩＣＴの活用により講義に参加しているということでした。

小学校や、中学校、高等学校での支援を振り返ってＡさんは、先生方がテストの結果だけではなく、自分の学びやすさにも注目してもらえたことがうれしかったと話します。

······· コラム⑧ ·······

受験時の合理的配慮申請に向けた指導事例②

ここでは、「自閉スペクトラム障害」のある生徒の合理的配慮の申請に向けて参考となる学校での指導事例を紹介します。

マインドマップで自分の考えをまとめる指導を行う

自閉スペクトラム症の診断がある生徒Bさんは、自分の考えを整理して周囲に伝えることが苦手です。また、自分の得意なことや好きなことの話題になると一方的に話をする傾向があります。さらに、感覚過敏があり、服の肌触りや、革靴などの締めつけに強いものには不快感を強くもっていました。

Bさんは、1年生から2年生まで通級による指導を利用していました。通級による指導では、周囲とのコミュニケーションのために、自分の考えをマインドマップにまとめ、伝える内容を整理してから、周囲に伝える指導を受けていました。

3年生になると、受験科目の履修の都合もあり、通級による指導を受けることができませんでしたが、学級担任と通級による指導担当者、進路指導担当者が連携しながら受験に向けて準備を進めました。Bさんがマインドマップを作成する際、特に重要だと考える内容に色をつけるなど、Bさんと学級担任等が相談しながらあまざまな工夫を行いました。

面接ではマインドマップを見せながら話す

Bさんは、情報・通信工学に関する興味や関心が高く、大学へ進学したいと考えていましたが、推薦入試での小論文や面接、服装に不安を抱いていました。そこで、大学入試の出願時に、合理的配慮として、小論文で出題されるテーマに対して、マインドマップでまとめ、面接で説明する方法と、普段慣れている服装での受験を希望しました。

後日、受験先の大学からBさんからの申請のあった配慮を認める連絡がありました。それからBさんは、受験先の大学の過去の入試で出題されたテーマについてまとめ、それまであまり関わりのなかった教員に対して説明するなど、受験に向けた準備を進めました。

受験当日は、小論文で専門分野に関するテーマが出題され、Bさんは、その内容について考えたことをマインドマップにまとめ、整理してから、面接で説明しました。

受験後、Bさんに面接時の様子をたずねると、マインドマップを見せながら話をしたことで、面接官からBさんが説明しなかった内容についての追加の質問があり、自分の考えを伝えることができたと満足した様子でした。後日、合否の判定があり、Bさんは合格しました。Bさんは、大学入学後も同様の配慮を受けながら大学生活を過ごしています。

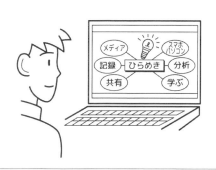

大学の授業や学生生活は高等学校のシステムと異なることが多く、大学での修学支援について、高等学校の支援者が理解しておくことが必要です。また、入学後の支援については合理的配慮の申請とも関わります。【合理的配慮の申請については、序、パート2「1 大学受験時や入学後の合理的配慮申請について教えてください」でも解説】
進学による支援の移行がスムーズに行われるように、高等学校でも長期的な視点をもって支援を進めましょう。

授業時の支援

　授業時の支援では、その大学の支援に関する基本方針をもとに障害学生支援室などがコーディネートした支援計画に基づいて、授業担当の教員、学務課・情報センター・図書館・キャリアセンターなどの学業に関する部署が主に連携して支援を行います。また、障害のある先輩学生によるピアサポートや、発達障害による特性や支援について学んだ学生によるサポートが行われる場合もあります。授業時の支援例としては、次の内容が挙げられます（**表「授業時の支援例」**参照）。

表　授業時の支援例

内容	例
履修登録	・卒業要件を満たす科目選択や時間割作成へのサポート ・パソコンでの履修登録作業のサポート など
授業	・グループワークや実習による授業が難しい場合の代替授業への変更 ・講義をその場で理解することが難しい場合の教材や板書内容の事前配布 ・チューターや学習サポーターなどによる学習支援や受講補助 など
レポート	・レポート作成が難しい場合の代替課題への変更 ・レポート作成に長時間を要する場合の提出期限の延長 など
定期試験	・大人数の教室での受験が難しい場合の別室受験 ・問題の読解や解答記入に長時間を要する場合の受験時間の延長 ・その試験方式への対応が難しい場合の代替試験方式への変更 など

　「代替」や「延長」による支援は、その大学の卒業認定の要件（ディプロマ・ポリシー）や教育内容・評価基準（カリキュラム・ポリシー）に相当する授業や定期試験を学生が受けることができるための措置です。したがって、単純に「試験時間を長くすれば良い」というものではなく、支援を受ける学生の障害特性などを鑑みて、他の支援方法も検討しながら、「代替」や「延長」の是非や内容を慎重に判断するものであることに留意しましょう。学業に関する支援例としては、次の内容が挙げられます（**表「学業の困難に関する支援例」**参照）。

表　学業の困難に関する支援例

困難場面	支援の具体例
科目選択や履修登録を間違える	・所属学科の卒業要件を反映した履修計画表を一緒に作成する ・パソコンでの履修登録作業をサポートする　など
授業の教室に迷って毎回遅刻する	・地図入りの時間割と教室番号の対応表を作成する ・学期の初めに、教室の場所まで一緒に歩いて確認する　など
急な休講や教室変更に対応できない	・メールなどによる個別連絡を行う ・混乱したときの連絡窓口を決めておく　など
教員の講義をノートにとるのが難しい	・ノートをとる目的に限って講義の録音を許可する ・学生サポーターなどがノートテイクの補助を行う　など
大教室での授業で集中できない	・受講しやすい席に毎回着席できるようにする ・ヘッドフォンやサングラスなどの補助器具の着用を許可する　など
実験や実習の授業についていけない	・図やイラストなどの視覚的なマニュアルを事前配布する ・チューターなどが作業のサポートをする　など
グループワークで自分ばかり話しすぎる	・話し始める前に「いま発言しても良いですか」と確認してから発言するなどの具体的なルールを一緒に考える　など
複数のレポートを並行して作成できない	・提出期限のスケジュール表を作成し、進捗状況を確認する ・学習支援ルームなどがレポート作成方法のレクチャーをする　など
試験時間の間、ずっと座っていられない	・他の学生の受験を妨げないことなどに配慮したうえで途中退室を許可する　など

キャリア教育科目

　大学では、主に教養科目の中で低学年次生が履修する科目として、「キャリアプランニング」「インターンシップ」などのキャリア教育科目が設置されています。これらの科目では、キャリアセンターなどのキャリア支援・就職支援に関わる部署の職員が授業運営に協力している場合もあり、その授業のレポート作成の相談やインターンシップ実習などの事務手続きなどを通して、発達障害のある学生の支援に早期からつながるケースがあります。

授業以外の支援

　授業以外の場面においては、授業時の支援と同様に、障害学生支援室などがコーディネートした合理的配慮に基づいた支援を行いますが、支援場面や内容が学生生活全般にわたるため、学生課、保健管理センター、学生相談センター、キャリアセンターなどのさまざまな部署が連携して支援を行います。また、障害のある先輩学生であるピアサポーターや、発達障害による特性や支援について学んだ学生サポーターによる支援が行われる場合もあります。授業時以外の支援内容としては、次の内容が挙げられます（**表「授業時以外の支援例」**参照）。

　学生生活においては、授業や課外活動などで大学に通ったり、アルバイトやボランティアなどの学外での活動を行ったりするために、日常生活を自分で管理して、不規則な生活にならないようするために、保護者などと連携した支援も欠かせません。一人暮らしの学生の場合は、地元の保護者と連絡を取り合いながら支援を行う場合があります。そのため、保護者も大学の支援の対象であり、学生をどうサポートすれば良いか、将来の進路選択をどのように考えたら良いかなど

表　授業時以外の支援例

内容	例
学生生活	・友人などの他の学生や教職員などとの人間関係に関する支援 ・サークルやアルバイトなどの課外活動での課題に関する支援 ・スケジュール管理や時間管理などに関するアドバイス ・身だしなみや持ち物の管理などに関するアドバイス など
心身の健康	・体調不良や二次障害などのメンタルヘルスに対する支援 ・健康的な食事や睡眠などに関するアドバイス ・休憩スペースの設置 など
キャリア・就職	・進路選択や就職活動に関する個別相談 ・障害学生向けガイダンスやセミナーなどの開催 ・学内の一般の就職イベントに参加する際の合理的配慮 ・障害者対象の求人情報の提供 ・学外の就労支援機関の紹介 ・障害者手帳の取得に関する支援 など

の相談に対応する場合もあります。学業以外に関する支援例としては、次の内容が挙げられます（**表「学業以外の困難に関する支援例」**参照）。

表　学業以外の困難に関する支援例

困難場面	支援の具体例
朝にどうしても起きられない	・夜更かししないような日常生活管理の方法をサポートする ・一人暮らしの場合、保護者に毎朝の電話を依頼する ・睡眠障害などが考えられる場合は、医療へのリファーなどを検討する など
教員とのやり取りですぐトラブルになる	・敬語などの年代が上の人への話し方や、適切な質問の仕方など、社会的スキルが得られるような支援を実施する ・教員と関わる際のアドバイスや仲介などの支援を行う など
ＳＮＳで友人を怒らせてしまった	・友人への謝り方などの社会的スキルについてアドバイスする ・ＳＮＳの適切な使い方ができるように支援する など
混み合う学食で昼食をとることができない	・学食にパーテーションを使った一人用のスペースを設置する ・学生相談センターなどに誰でも利用できる休憩スペースを設置する など
就職活動にふさわしい身だしなみができない	・若手の社会人の写真やイラストなどで視覚的に見本を見せる ・就職活動を終えた学生サポーターからの就職活動の経験談などを踏まえた具体的なアドバイスを伝える ・保護者に家庭での身だしなみへの支援を依頼する など
学内の就職イベントへの参加が不安	・イベント会場での情報保障などの合理的配慮を実施する ・イベントの前に、実施方法や内容について説明して、安心感と目的意識をもってイベントに参加できるように支援する ・イベントの後に、学生が参加してみて思ったことなどを一緒に振り返るなどして、イベント参加の結果をその後の就職活動や進路選択などに役立てられるように支援する など

学外へのリファー（専門機関との連携）

　　学外の医療機関や就労支援機関などとの連携が検討される場合においては、学生本人や保護者の同意を基本としながら、緊急性や個人情報保護などのさまざまな観点を考慮して支援が行われることになります。

円滑な移行に向け高等学校に期待したいこと

「自分に必要な支援を要請する力」を育成する

　大学での支援の開始にあたっては、学生本人や保護者からの支援の申し出があることが必要です。また、その大学の教育理念やポリシーに基づいた合理的配慮による支援が行われるので、学生や保護者が希望した支援内容が必ずしもそのまま実施されるとは限りません。学生側と大学側が話し合って、支援内容を決めていくことになるので、自分がどのような支援を受けたいのかについて、その理由も含めて具体的に大学に伝えることが必要となります。

　したがって、高等学校段階で、自分が何に困っているかを理解し、それを周囲の人たちに伝える力を身につけられるような取り組みを実施することが大切です。

「高等学校段階で身につけられる対応力」への取り組みを積極的に実施する

　例えばスケジュール管理などの高等学校の授業や学校生活でも学べるようなことは、高等学校段階で身につけておけると、大学への移行が比較的スムーズになります。

　また、ＳＮＳなどのインターネットの使い方や、金銭管理・消費者契約などに関する知識についても、発達障害のある学生はそれに関連したトラブルに巻き込まれやすい傾向があるので、高等学校段階で具体的に学べる機会があると良いでしょう。

高等学校の支援者が大学での支援の仕組みや支援事例を理解する

　障害特性に対する支援は、本人の進学に伴って、次の学校段階に引き継がれていくものなので、高等学校の支援者は、大学での支援の仕組みや実際の支援内容を見据えて、スムーズに大学に引き継げるような支援体制を構築することが重要です。

　そのために、例えば、日本学生支援機構 (JASSO) が公開している大学での支援に関する資料や大学の教職員向けセミナーの開催報告などを通じ、大学における支援の現状への理解を深めていくことが望まれます。【日本学生支援機構 (JASSO) については、コラム⑳で紹介】

　また、一部の大学で行われている障害のある高校生やその支援者を対象とした大学生活を理解するためのセミナーなどの機会の活用も望ましいでしょう。

> ＜大学が開催する発達障害のある高校生向けセミナー＞
> 一部の大学が実施している発達障害のある高校生向けのセミナーでは、授業や学生生活などについての説明、受けられる支援の方針や実施例、障害のある先輩学生からの体験談などを大学入学前に聞くことができます。自分が入学後に過ごす大学生活を知り、遭遇するかもしれない困難場面を想定することで、高等学校で準備しておいた方が良いことなどを生徒自身が考えていくことに繋がるので、このような機会は積極的に活用しましょう。
> また、例えば、富山大学の「チャレンジ・カレッジ」（西村,2021）では、説明や体験談を聞くだけではなく、時間割の作成体験、大学食堂や生協の利用、研究室訪問などの体験型プログラムを実施しており、大学へのスムーズな移行にとっては貴重な取り組みといえます。

学務課〈大学の支援部署①〉

　大学には、さまざまな学生支援の部署があります。大学によって呼称が異なることもありますが、基本的な機能は変わりありません。ここでは、大学での学習を支える部署について解説します。

学務課の学生サポートについて

　大学の学務課は、主に、授業の履修や成績評価・単位認定などに関する業務や、学生の入学・休学・退学などの学籍管理に関する業務などを教員と連携して行う部署で、教務課や履修課などと呼称する場合もあります。

　高等学校とは異なり、大学では授業の履修登録から定期試験の受験やレポート提出などを経て成績が決まるまで、学生自らは多くの決められた作業を定められた期限内に行う必要があります。発達障害の学生は、このような作業を自力でスムーズに行うことが難しい場合も多く、学務課のサポートは欠かせません。

　また、大学では、毎回異なる教室で科目ごとに異なる教員の授業を受講しなければならなかったり、グループワークや実習科目などの周囲と協力した授業も多く、授業を受けること自体が難しいケースもあり、卒業要件を満たす授業の単位の取得がなかなか進まない場合も多く見られます。

　近年の就職活動の早期化なども鑑みると、卒業要件を満たした授業の単位数を早めに取得できていると、授業との両立を気にせずに就職活動に専念できるので、履修登録の段階からの学務課のサポートはやはり重要なものとなります。

学務課は早期にすべての学生がアクセスする部署

　大学にはさまざまな学生支援の部署がありますが、授業に関する業務を担当する学務課については、障害の有無にかかわらず、すべての学生が必ず利用する部署となります。

　また、入学直後のガイダンスや履修登録などの業務は学務課が主な担当部署であるので、入学時に本人や保護者から支援の要請がない学生について、障害学生支援室などの支援部署につながる前に、いち早くサポートの必要性に気が付くことが多い部署でもあります。

　したがって、特に、本人や保護者の障害に対する認識がなかったり、浅かったり薄かったりする場合は、大学での支援の出発点を早期に得るためにも、大学の学務課の有効な活用について、高等学校の支援者から本人や保護者に情報提供をしておくことも重要でしょう。

コラム⑩

障害学生支援室など〈大学の支援部署②〉

障害のある学生を支援する部署は、大学によりさまざまです。ここでは、障害のある学生を支援する部署の主たる形態を取り上げ解説します。

「障害学生支援室」

大学の「障害学生支援室」は、障害の特性によって授業や学生生活上に困りごとを抱える学生に対して、合理的配慮による支援を実施したり、全学的な支援を統括したりする部署です。

しかし、すべての大学に障害学生支援室が設置されているのではなく、健康支援に関する部署の中で障害学生支援も担当していたり、学生支援に関する事務部署が相談窓口になっていたりするなど、大学によって支援部署の構成は異なります。

学生支援部署の実態については、進学先として検討している大学のホームページやオープンキャンパスなどで十分に確認することが重要です。

「学生相談センター」、「学習支援ルーム」

発達障害支援室に該当する部署が明確に存在しない場合、公認心理士などの心理専門職が在籍する学生相談センターや「カウンセリングルーム」などが支援の中心になるケースも多くみられます。障害のある学生が初めから障害の特性に対する支援を求めて来室する場合もありますが、大学生活に適応できないことが心身の不調になって現れたり、大学入学前からうつ病などの二次的障害があった

りして来室に至る場合もあります。例えば、学生が「眠い」と繰り返し来室したことから、日常生活管理が苦手な特性にカウンセラーが気がついて支援が始まったケースなどもみられます。

また、大学の授業を受講するために必要な基礎的な学習能力（英語や数学などの科目、レポート作成など）を支援する「学習支援ルーム」や「ラーニングサポート室」などでも、発達障害がある学生の気付きにつながる場合があります。

「なんでも支援室」

近年、相談内容の種類を限定しない「なんでも相談室」や「学生サポートセンター」などの名称の部署を設置する大学も増えてきました。発達障害のある学生は、大学生活における困りごとの内容も多様である場合が多いので、まずはこのようなインテイカーとしての機能をもつ部署を活用して大学の支援のシステムに接続し、支援内容に合った部署につながっていくことも重要です。

3 大学入学後はどのようなキャリア教育、就労支援をしてもらえるか教えてください

大学におけるキャリア教育、就労支援内容は、大学ごとに異なります。志望する大学ではどのような取り組みが行われているか事前に情報収集できると良いでしょう。
そのうえで、進学による支援の移行がスムーズに行われるように、高等学校でも長期的な視点をもって支援を進めましょう。

キャリア教育

大学では、全学生に向けてキャリア教育が実施されています。学内の授業の一つとして一般教育や専門教育で実施されるものもあれば、インターンシップのように学外で実施されるものもあります。各大学は、社会的・職業的自立に必要な資質能力の涵養のために教育課程を通じて多様なキャリア教育を取り入れています。

特色のあるキャリア教育

障害学生向けのキャリア教育科目の開設

　キャリア教育に関する授業を、一般学生向け、障害学生向け、留学生向けのクラスにて実施している大学があります。学生のニーズに応じて、いずれのクラスも選択することができるようになっています。この授業では、キャリア形成上必要とされる自己分析・自己理解を深め、さらに将来必要とされる能力について理解を深めていきます。自分自身だけでは、自己分析により自己理解を深めることは非常に難しいため、授業で同じニーズをもつ学生と一緒に検討できる貴重な場となっています。

先輩の話から多様なキャリアを学ぶ授業の開設

　キャリア教育科目の中に、多様なキャリア選択をされた先輩がオムニバス形式で講話を行う形式の授業もみられます。学生がなかなか知ることができないようなキャリア選択やキャリアデザインを知ることができ、キャリアに対する視野が広がるようにプログラムされています。自分のキャリアについて自律的に考え、キャリアプランニングを行うことができるようになることがねらいとされています。

学部別のキャリア教育の実施

　大学では学部や学科により実施されるキャリア教育が異なることが多いようです。入学から進

路決定、卒業までの４年間、体系的にキャリア教育を展開している学部があります。また、キャリア教育科目として、各学部や学科で学ぶ専門性をいかしたキャリアデザインについて考える授業があったり、専門性をいかしたインターンシップや学外活動などが準備されていたりする学部もあります。

障害学生向けインターンシップの実施

　キャリア教育の一つとしてインターンシップが実施されています。その中でも近年、障害学生向けのものが増えつつあります。学外の障害学生向けのインターンシップ情報を収集し、障害学生に提供し、個別相談などでその参加を支援している大学も増えています。学外の支援機関などによる障害学生に向けたイベントの情報も併せて提供されています。大学によっては、学内の職場で障害学生向けのインターンシップを準備し、学外のインターンシップ参加前に学内で経験を積むことができるところもあります。

入学から卒業後までの社会移行のためのプログラムを提供

　障害学生支援室において、大学生活やキャリア形成、自己理解などの就労支援に対する多数のプログラムを提供している大学があります。どのようなプログラムが準備されているのかについては大学により異なります。ホームページを検索したり、実際に学生相談センターを訪問したりして調べてみると良いでしょう。複数のプログラムを順に受けることでキャリア形成（就労準備）ができるようになっている大学もあります。また、必要と思われるプログラムだけを受講することで、経験不足や準備不足を補完することができるようになっている大学もあります。

障害のある先輩モデルを学ぶ

　障害のある先輩が登壇し、自分自身の大学生活やキャリア選択、就職準備、働く姿について紹介するイベントなどを実施している大学もあります。障害のある先輩と会う機会は乏しく、大変貴重な機会となっています。キャリアを検討する際に大いに役立ちますので、積極的に活用すると良いでしょう。

就労支援

大学における就労支援は、キャリアセンターで行われています。各学部にも就職担当の先生がおられる大学もあります。大学によっても学部によっても就労支援の担当機関や担当者が異なりますので、早めに調べておくと良いでしょう。

全学生向け就労支援

　大学全体に向けた就労支援は、キャリアセンターで行われており、多くの大学が低学年から就職までの長期的な支援を準備しています。低学年向けには、就労準備支援として多様な授業選択

の支援やキャリア選択の支援が行われています。また、就労体験の一つとしてのインターンシップに関する情報提供や参加の支援が実施されています。

　就職活動開始前には、各種就労支援講座の実施やOB・OG座談会、企業研究セミナーなどの各種就労支援イベントが実施されています。また、ホームページ上に就職の応募書類や面接に対する基本情報やアドバイスを掲載することで、学生の就労支援をしている大学もあります。就職に関する図書の貸し出しや各種適性テストを受講できるコーナーを設置している大学もあります。

キャリアデータによる支援

　多くの大学では、過去数年分の先輩がどのような進路選択をしたのか（進学先、就職先など）がわかるデータを公開しています。業界や企業名なども公開されています。大学卒業者と大学院修了者の進路選択情報や学部学科による進路選択情報も公開されています。先輩の進路選択情報は、学生が大学で学ぶ専門性をいかすことができる、もしくは学生の専門性が求められている進路や職場を知ることができる、貴重な情報です。

　大学によっては、キャリアセンターのホームページ上に多様な企業に勤めている先輩のインタビューを掲載し、進路選択情報を充実させています。先輩のインタビュー情報は、コロナ禍でOB・OG訪問が難しくなった中でも多くの先輩の話を聞くことができ、非常に役立つ支援となります。

キャリアアドバイザーと学生ボランティアによる支援

　大学のキャリアセンターでは、キャリカウンセラーの資格を持つ専門のカウンセラーによる個別相談を受けることができます。入学直後から卒業まで利用することができます（大学によっては、未就職の場合、卒業後も利用できるところがあります）。

　障害学生の場合は、障害学生支援室での支援担当者とキャリアセンターでのキャリアアドバイザーが連携した支援を受けることができます。障害学生支援室の支援担当者にキャリアセンターでの支援につないでもらうと良いでしょう。キャリアセンターでの個別相談に、障害に関しての専門のキャリアアドバイザーに相談ができる大学もあります。大学により異なりますので事前に、確認をしてください。

　個別相談は、相談予約システムで予約を受けつけている大学やキャリアセンターで申し込み、順番で実施されている大学があります。一部の大学では、就職活動を終えた在学学生（内定者）によって構成される学生ボランティアが自身の就職活動体験などをもとに後輩の就職活動生の相談に乗ってくれる大学もあります。

学外支援機関との連携支援

　障害学生の就労支援は、学内の支援と共に学外の支援も平行活用できます。大学によっては、キャリアセンターに、学外の支援機関の情報が置かれていたり、学内で利用相談を受けつけてい

たりする大学もあります。

　自分自身に必要な支援や通いやすい支援機関の検討について、大学のキャリアセンター等で相談できることを知っておけると良いでしょう。

就労移行支援事業所

　以下の要件を満たせば、在学中に、就労移行支援事業所を利用することができます（自治体により利用可能機関や利用条件などが異なるため、詳細については大学、自治体に確認が必要です）。

> １．大学や地域における就労支援機関等による就職支援の実施が見込めない場合、または困難である場合
> ２．大学卒業年度であって、卒業に必要な単位取得が見込まれており、就労移行支援の利用に支障がない者
> ３．本人が就労移行支援の利用を希望し、就労移行支援の利用により効果的かつ確実に就職につなげることが可能であると市町村が判断した場合

　就労移行支援事業所は、通いながら企業等で働くための力を身につける機関であるため、利用にあたっては、学業との両立を考えて通う日数を検討する必要があります。

「新卒応援ハローワーク」との連携支援

　ハローワークには、大学・大学院・短大などの学生や、卒業後未就職者の就職を支援する専門の「新卒応援ハローワーク」があります。支援対象は、大学等を卒業予定の学生、卒業後おおむね３年以内の人で、設置箇所は、各都道府県に１か所以上、全国では56か所に設置されています。大学の支援機関と連携支援をしている場合もあれば、学生が個人で利用している場合もあります。

円滑な移行に向け高等学校に期待したいこと

学生の良い点や得意な点についての助言・支援

　学生生活の中では成功体験とともに失敗体験もあります。失敗体験ばかりに目を向ける生徒には、ぜひ、成功体験や得意なこと、興味を持ち取り組んでいることなどについて目を向けられるよう支援してください。高等学校生活の中で、教師が見つけた生徒の良い点や適している点について、どのように伸ばしていくと良いか生徒と一緒に検討できると良いでしょう。

得意・不得意についての具体的な検討

　大学受験では、生徒は得意とする受験科目や合格判定などの情報で受験する大学や学部を選択することになります。しかし、受験だけ通過すれば大学生活がうまくいくわけではありません。次のように、大学受験時には問題がなかったにもかかわらず、入学後に不適応を起こす事例もみられます。

・決められた回答を覚えることが得意であったため、高等学校での数学では高得点を取っていたが、大学では解き方を検討することを求められるため、学業を継続できなくなった学生
・植物が好きで農学部に進学したが、4年生の研究室配属後の研究の中で、研究の手順作成や植物の育成管理が難しく研究継続が困難となった学生

　こうした不適応の予防にあたっては、「覚えることは得意だが、応用は苦手である」「テストは得意だが、面接や発表は苦手である」など、生徒の得意・不得意について、生徒と一緒に具体的に振り返り、確認する機会を設けることが重要です。

　また、「受験科目として得意であることと、作業を伴う研究のような大学での学びとは異なること」「得意な科目の勉強の中にも苦手なことがある場合があること」についても目を向けられるように支援していくことが大切です。

　そして、不得意なことがあり、困りごとが生じた場合は、大学に相談できる場所があることをぜひ伝えていただければと思います。

学生生活の中での障害特性から生じている課題に対する助言や支援

　高等学校で学業の成績が良い生徒の場合、生活面や人間関係の中での困りごとなどに対して、支援の必要性を感じていないことが多くあります。大学に進学してくる障害のある学生の中で、自分自身の障害特性や学校での困りごとについて、学校や家庭での指導・支援を受けてきた学生とそうでない学生とでは、大学生活の中での困難さが異なるように感じています。

　一度でも学生生活や学業上の困難さに対する指摘や助言をもらったことがある学生は、「そういえば、高等学校の先生から〇〇と言われたことがある」と話し、大学生活の中での障害特性による困難さの気付きにつながります。大学の支援部署での相談においても、高等学校の先生からの指摘や指導経験があると、これまでの複数の場面での体験をもとに学生と大学の支援者が一緒に困難点について検討することができ、大学の支援者とともに学生の理解が深まることがあります。何度も指摘されたり検討したりすることで理解が深まるのだと思います。ただし、指摘や支援の進め方については十分な留意が必要です。

大学生活上で必要とされる配慮や支援についての助言や支援

　大学では、必要とされる配慮を自分自身で支援者に伝える必要があります。高等学校までの教育の中で、あたり前のように受けていた支援や配慮については本人があまり認識していないことがあります。その場合、大学での支援の申し出の際に、学生が必要と考える支援や配慮があまりわからないということが起こります。高等学校ではどのような支援や配慮を受けているのかについて一緒に確認していただけると進学の準備となります。

　高等学校までは、クラス全員で同じ授業を受けていますが、大学では選択式になる場合も多く、周りの学生と異なる授業を受けることになり、周りを見ても参考になりません。高等学校と比較すると大学生活や学業の困難度が高くなる傾向にあります。大きく環境が変わる大学での学生生活や学業の中で、どのような支援があると能力を発揮できるかについて、大学入学後に再度検討

が必要であることについて確認しておくことが必要です。

大学の障害学生支援室について早めに調べる

　各大学には、障害学生支援室があります。障害の診断がある場合、入学後の学生生活への支援を検討する際に、大学の障害学生支援室の支援内容についても調べると良いでしょう。

　大学入試にも配慮が必要な場合は、オープンキャンパスなどを利用して早めに障害学生支援室に相談すると安心できると思います。体調への不安がある場合には、障害学生支援室だけではなく、入学時の健康診断や入学後の相談ができる保健管理センターも利用可能との情報提供をしていただけると良いでしょう。

　入学が決定した際には、高等学校の先生や支援者の方からも大学の障害学生支援室への支援情報の引継ぎをしていただけるとより安心して大学生活を開始できると思います。

キャリアセンター〈大学の支援部署③〉

大学において、障害のある学生が必ずしも専門の支援部署の利用につながるとは限りません。ここでは、障害のある学生も含め利用することが多い、就職支援部署について解説します。

入学したら早めの利用を

大学には、就職活動やキャリア形成を支援するためのキャリアセンターがあります。キャリアセンターは、学生が卒業後に自分らしくやりがいをもちながら社会で活躍するための準備や場を自ら選択するための支援をしています。低学年向けには、社会に出るための基礎力を付けるために、学内での多様な学びの紹介や講座の開設、さらに学内外の多様な体験への参加を支援している大学もあります。就職活動時期の学生に対しては、就職支援イベントや個別相談、適職診断テストなどのさまざまな就職支援ツールを提供しています。

キャリアセンター内には、就職活動やキャリア支援を専門とするスタッフが常駐しており、いつでも相談できるようになっています。就職活動時期には、個別相談枠を増やして、より多くの学生の就職相談を実施している大学が数多くみられます。個別相談は、オンラインでの実施が可能となっている大学もあります。

大学によっては、障害学生向けの就職支援イベントの実施や個別相談、公務員・教員をめざす学生に向けた講座やセミナーの実施など特色のある支援を実施しています。大学に入学したら、早めにキャリアセンターのホームページを確認したり、実際にキャリアセンターを訪問したりして、どのような支援があるのかを確認しておくと良いでしょう。

イベント・セミナー	個別相談	その他
・合同企業説明会の開催 ・各種就職ガイダンス（就職活動の流れや準備についてなど）の開催 ・各種就職準備講座（応募書類作成、面接対策など）の開催 ・公務員などの職業別対策講座の開催 ・先輩社員との座談会	・就職活動に関する相談 ・キャリアに関する相談 ・インターンシップに関する相談 ・地域の社会資源の活用についての相談	・就職支援ブックの配布や就職支援情報サイトの提供 ・インターンシップ情報、支援 ・OBOG情報の開示 ・就職関連書籍などの貸し出し ・各種テスト（適職診断など）の提供

コラム⑫

大学内連携に向けて

コラム⑨〜⑪では、大学内のさまざまな支援部署について紹介しました。ここでは、学内での支援部署の連携について解説します。

入学前から情報を収集して準備を

学生に対する支援は、学生の困りごとの種別により、支援を担当する部署が異なります。修学と学生生活の支援は学生相談センターや、キャリア形成や就職関係の支援はキャリアセンター、心とからだの健康支援は保健管理センターが主に担当しています。

学生が複数の支援部署を利用している場合、各部署が連携して支援を行うことが効果的と考えられます。特に、修学中に体調面を崩したり、就職活動をしたりと、同時に異なる場面の支援が必要となる場合は、無理のない支援のためにも、大学内連携による支援が効果的です。

ただし、大学内連携を行うためには、各部署がもつ学生の個人情報を共有する

ことに対する「学生本人の同意」が不可欠です。そのため、学生が他の部署の利用状況について情報を開示していない場合や、利用状況の開示はしているが、他の部署への情報の共有を希望していない場合などは、大学内連携を行うことが難しい場合があります。

大学入学時に、学生本人が大学内連携による支援を申し出ることができれば、入学から卒業までの支援が円滑に進むことが期待されます。大学では、さまざまな専門の支援部署があること、また、複数の支援部署の利用にあたっては、大学内連携の視点が自分自身にとっても重要となることなどについて、入学前段階で考えられると良いでしょう 。

なお、各部署の名称や支援内容などは、大学により異なります。大学のホームページやセンターの窓口で確認してください。

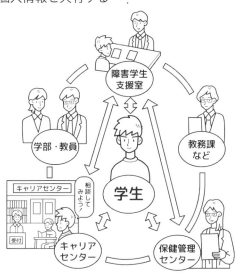

特別支援教育コーディネーターと連携した進学支援

発達障害のある生徒への指導・支援にあたっては、校内での組織的対応が重要となります。ここでは、進学を見据えた特別支援教育コーディネーターとの連携に焦点をあてて解説します。

学習のつまずきの原因を明らかにする

進学は、発達障害のある高校生にとって特に長い道のりです。学力試験で進学を目指す場合には、各教科等での学びが発揮されるように、学習を計画的に進めます。AO入試や推薦入試などで面接試験を受ける場合には、高等学校での経験の積み重ねと、そこで得た学びを伝えます。こうした学習は、一朝一夕とはいきません。特に、発達障害のある高校生には、日々の積み重ねが難しい場合があります。学習の積み上げが進むような支援が期待されます。

支援を進める際は、特別支援教育コーディネーターとの連携が有効です。連携を通して、生徒の実態を把握し、なぜ学習につまずきがあるのか、つまずきを取り除く方策となるものについて明らかにして、適切な支援の実行につなげましょう。

加えて、実行された支援について、支援内容を本人や保護者と共有することが大切です。これは、進学先でも同様の支援を受けることが考えられるからです。このときも、特別支援教育コーディネーターとの協働を図って、本人、保護者とのやりとりを進めましょう。これらの連携が結果として、個別の指導計画の作成に至ることが期待されます。

大学入学後も継続して連携を

特別支援教育コーディネーターとの協働が有効であるのは、日々の支援に限りません。受験までのプロセスにおいても、協働したことが生かされます。

オープンキャンパスなどに参加するときには、高等学校の支援内容を知る本人、保護者にとって、入学後の支援の相談は一層しやすいものとなるでしょう。入学願書を提出するときには、入学試験時に必要な配慮を申請する書類の作成もしやすくなるでしょう。高等学校によっては、個別の指導計画や個別の教育支援計画を作成し、本人のニーズを整理しているところもあります。こうした整理は、受験までのプロセスを支える大切な情報源となるでしょう。

晴れて合格となれば、進学先に本人の実態を引き継ぐことになります。進学先の入試課、学生相談センター、保健管理センターなどとつながり、整理した情報を伝えるときも、特別支援教育コーディネーターとの協働は有効となります。

引継ぎといっても、実際には進学先の担当者との連絡調整、引継ぎ機会の設定、引継ぎに関する本人、保護者のニーズの聞き取り、引継ぎ情報の整理など、取り組む内容が多岐にわたるからです。円滑な引継ぎのために、日ごろから特別支援教育コーディネーターと丁寧にやりとりすることが期待されます。

4 大学と就労支援機関との連携について教えてください

> ここでは、著者が所属する障害者職業総合センター研究部門が実施した調査研究（2023）をもとに、大学と就労支援機関の連携状況について解説します。志望する大学ではどのような取り組みが行われているか事前に情報収集できると良いでしょう。

大学への調査結果から

発達障害学生が在籍している大学の比率は年々高まっていますが、発達障害学生のキャリア支援において、専門的な就労支援機関と連携しながら相談・支援を展開している大学のキャリア支援部署（キャリアセンターなど）はどの程度あるのでしょうか。

発達障害学生に必要と考えている就職支援の内容

　図「発達障害学生に必要性が高い就職支援メニュー」から、大学のキャリア支援部署では、「就職に関する個別相談」が突出して高く、次いで「就職に関する情報提供」が高いことがわかります。学内の就職支援の中で「個別相談」が最も重視されていること、また、個別相談に伴う情報提供が重視されていることが読み取れます。

図　発達障害学生に必要性が高い就職支援メニュー（件数）

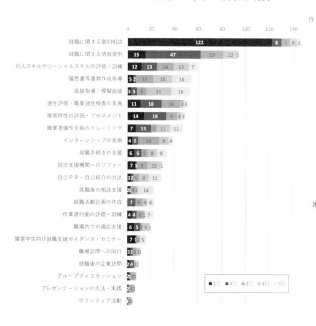

＊就職支援内容（22項目）について、実施の有無に関わらず、発達障害学生において取り組みが必要と思われる項目を1位から5位まで選択するよう求めた結果（回答したキャリア支援部署数：389）

学外のどのような機関と連携しているか

　比較的連携割合が高かったのが「新卒応援ハローワーク」と「ハローワーク（専門援助窓口等）」です（図「**大学と連携のあった就労支援機関**」参照）。就職に関する個別相談や情報提供のための利用を促していることが考えられます。

　一方、障害のある人の専門の就労支援機関である「就労移行支援事業所」「地域障害者職業センター」「障害者就業・生活支援センター」については、連携割合は低い状況でした。障害者向けの専門機関と連携しているキャリア支援部署は少数派であるといえます。参考までに、これらの専門機関と連携しているキャリア支援部署は、障害学生向けの就職支援ガイダンスやセミナー、適性評価や職業適性検査の実施といった専門性を要するサービスのために利用していると考えられます。

図　大学と連携のあった就労支援機関（件数）

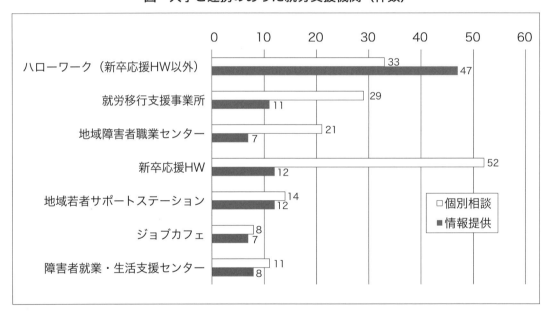

　多くの大学では、発達障害学生の相談・支援を学内体制の中で展開しています。例えば、個別相談やカウンセリングであれば、障害学生支援センタや学生相談室、その他保健管理センターなどと連携して障害学生支援を行う形が多数派のようです。そのような学内の相談体制の中にキャリア支援部署も位置づけられ、キャリア支援部署が単独で「ハローワーク」と連携することはあっても、さらにその先の障害者向けの専門サービスまでアプローチすることはまれです。

　ですが、大学における障害学生への合理的配慮のための体制作りは近年始まったばかりです。今後、学内体制の充実とともに、さらなる歩みを求めて学外との就労支援機関と連携を試みる大学が増えることを期待しています。

就労支援機関の利用につながった事例から

効果的対応が得られたと判断されたケース

　同調査からは、全国の大学の障害学生支援部署やキャリア支援部署において、発達障害学生のキャリア支援にまつわるさまざまな課題への対応の中で、特に、「効果的対応が得られた」と支援者が感じた学生の中に、就労支援機関の利用に至るケースがありました（**表「就労支援機関を利用して効果的なキャリア支援ができた事例」** 参照）。

表　就労支援機関を利用して効果的なキャリア支援ができた事例

機関	キャリア支援内容
ハローワーク	・卒業の前年度から指導教官、キャリアセンター、ハローワーク専門援助部門担当者とが連携し、相談を進めたケース。就職活動の進め方を協議し、本人の興味意欲・能力に適した希望の就職先を検討した。本人の特性を評価するためのアセスメントも実施 ・新卒応援ハローワークで障害学生の就職支援や、障害者合同説明会について案内、参加した企業からの内定を得た
地域障害者職業センター	・就職活動のためにハローワークを利用、特性についてさらに知るために、地域障害者職業センターで職業評価と職業準備訓練を利用した ・新卒応援ハローワークと地域障害者職業センターに早期の段階で学生の学内の状況を共有。学生本人とともに、就職活動に向けた計画を構築した
就労移行支援事業所	・障害者枠での就職を3年次に決め、障害者就業・生活支援センターと連携して、就労移行支援事業所を見学した。その後体験を行い、利用先を決定。4年次後半から在学時の利用につながった ・就労移行支援事業所が提供している、発達障害学生向けの専門講座を紹介し、受講してもらった。大学では応募書類の添削を行い、就労移行支援事業所では面接練習をするという使い分けを学生自身が行っていた

＊障害者職業総合センター（2023）の調査データを一部再編

　これらの事例はいずれも就職を見据えた取り組みとなっており、本人の準備状況に応じた必要な機関の利用につながっています。他に「地域若者サポートステーション」でのボランティア体験を利用するケースも報告されました。障害者支援関係機関の利用促進は、学内の相談窓口以上の専門性の高い機能や役割を求めてのこととして見受けられます。いずれの機関を経由するかは、本人のニーズや地域の資源の状況に合わせて選択されていると予想されます。

医療機関の利用が促されるケース

　一方、医療機関の利用が促されるケースもあり、体調不良に伴うストレスマネジメントや服薬管理、治療を目的とした受診推奨がなされていました。中には、障害者手帳の取得に向け、家庭の理解を得ながら受診を促したケースもありました。

　さまざまな外部機関との連携における課題を図に示しました（**図「発達障害学生のキャリア支援に伴う課題」** 参照）。卒業後にスムーズな就職を実現するうえでは、限られた学生生活の時間で取り組むべき課題が多いことが、今回の調査から浮き彫りとなっています。就労支援機関の利用を視野に入れるとしても、整理・改善を目指すべき課題が多様であることを考慮すれば、早期

から相談を開始し、これらの課題に目を向けることをおすすめします。

図　発達障害学生のキャリア支援に伴う課題

円滑な移行に向け高等学校に期待したいこと

大学における発達障害学生の就労支援の状況

　今回、調査研究を進める中で、大学の関係者の方々からさまざまな声をいただきました。それぞれの大学の特色を生かした体制作りから、相談担当者の専門性に基づいたサポート体制まで、それは多様という他ありませんでした。先進的に取り組む大学がいくつもみられ、発達障害学生を取り巻く環境は変革の最中にあるようでした。

　ある大学は、附属の高等学校に在籍する生徒の情報を早くからキャッチし、必要に応じて1年次から早期の個別キャリア支援を企画しており、また、すべての学生に対しても低学年次から包括的にキャリア教育を実施できる体制を構築していました。多くの大学でこのような取り組みが実現すれば、発達障害学生にとっても心強いことこのうえないのですが、このような体制を整えているのはごく一部の大学といえます。

大学における発達障害学生への就労支援の課題

　通常、発達障害学生による入試や入学後の配慮申請によって大学側が障害状況を把握し、そこから支援体制がスタートします。当初は修学のための配慮希望のための相談支援であったものが、年次が上がることによって支援ニーズはキャリアの課題へと姿を変えていきます。学校側はその時々の本人のニーズに合わせた対応が迫られることとなります。ですが先にも挙げたように、就職活動は在学期間中という限られた時間の中で行う必要があります。このため、大学のキャリア支援部署の担当者らは、学内他部署の担当者と早期からつながりをもっておくことや、卒業時点で進路を決められない場合も想定の範囲として、就労支援機関へのリファーも検討することとし、地域資源の情報収集の重要性を述べていました。短期間で大学が取り組むべき課題は非常に多いのです。

　キャリア支援部署で対応が困難となった支援ケースの課題のポイントを図「キャリア支援において対応が困難であったケースの課題」として示しました。本人や家族の理解と受け止めの問題

はさることながら、職業準備性や働く意欲、支援に関する情報不足、支援者間での協働の難しさなど、支援環境としての課題も同時に浮き彫りとなりました。これらすべての課題を在学中の間に解決することは簡単なことではないでしょう。

高等学校への期待

高等学校では将来生じ得る課題に関して、学生本人や支援者に役立つ情報を整理しておくことを期待します。例えば、学業面の成績のみならず、適応面の課題や相談歴、さらには、現場実習や職場実習等を通じた行動面の評価についての情報の蓄積です。これらの情報を、個別の支援計画や病院のカルテのような形で、相談支援担当者が変わっても利用できるレベルの情報量を確保していくことが望まれます。

なお、情報の整理・蓄積にあたっては本人・保護者の同意を得ることが当然必要となります。そのためには学校側と本人・保護者の信頼関係を築くことや、学校側にそのような相談・支援を展開するための人員体制の準備といった、大学と同様の環境整備の課題が生じるでしょう。早期介入・早期支援は発達障害の人にとって非常に大きな意味をもちます。まずは、発達障害のある高校生が、日々の学校生活をどのように過ごせているか、就職先での適応を見据え、評価・指導する視点をもつことが期待されます。

図　キャリア支援において対応が困難であったケースの課題

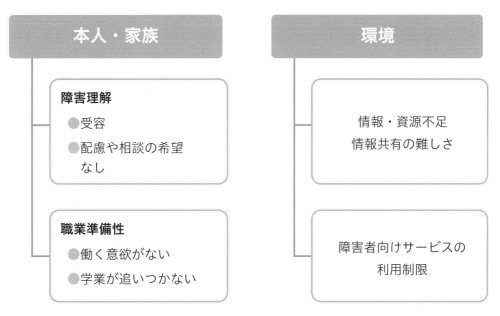

大学と就労支援機関の連携

　大学と就労支援機関との連携は、大学により状況が異なります。就労支援機関の利用に向けた支援を、手厚く受けることができるとは限らない状況があります。ここでは、大学卒業後の就労支援機関の利用を見据え、知っておくと良いことがらを紹介します。

大学在学中から学外の支援機関に関する情報収集を

　大学では、学生が希望すれば、在籍中に学生生活や修学の支援のほか、就労支援を受けることができます。障害学生支援室やキャリアセンターでは、地域の就労支援機関の情報提供を行っていることがあります。また、大学によっては、学内に就労支援機関の職員が訪問し、機関の紹介や説明、相談を実施しているケースもあります。

　ただし、一般的には、大学卒業や中退後は、学内の就労支援を受けることができないといった点に留意が必要です（大学によっては、卒業や中退後も支援がある場合があります。また、大学により支援内容や支援期間は異なります）。

　大学の支援部署と学外の就労支援機関では、支援内容が異なります。また、学外の就労支援機関によっても支援内容が異なります。学外の就労支援機関では、各機関の役割に応じて、例えば、「障害者手帳の取得などの行政手続きの支援」「就職準備訓練や職場実習の受講」「職場実習や採用面接への同行や同席」「就職後の定着支援」を受けることもできます（各支援機関については、「就労支援編」に詳しく解説されています）。

　各就労支援機関にはそれぞれ特徴があります。大学在籍中に複数の就労支援機関を見学し、自分に合う支援機関を見つけておくと良いでしょう。また、在学中に今後利用する学外の就労支援機関が決まったら、大学における就労支援と社会における就労支援が円滑につながるように、大学の支援部署と情報共有しておくことも重要となります。

大学と企業の連携

大学と企業の連携状況はさまざまですが、研究開発、インターンシップ、就職支援の枠組みにおいて、連携が加速しています。ここでは、障害の有無にかかわらず、学生が企業及び労働について知る重要な機会となる、大学と企業の一般的な連携動向について解説します。

研究開発等における連携

大学の研究室と企業との連携により、先端技術の開発研究が数多く進められています。研究者である大学の教員の参加や大学の特別な設備などが利用ができることで、社会や企業の技術開発が加速しています。その他、地域連携による地域活性化プロジェクトなども大学と企業の連携で行われています。

授業等における連携

大学の単位が付与される長期インターンシップなどが、企業でも実施されています。また、各学部の先輩が職場の代表として学部や研究室において、自分自身の仕事や職場、働き方などを紹介することで、多様なキャリアがあることを伝えるセミナーの開催といった連携もあります。これら、多様な大学と企業との連携は、コロナ禍をきっかけにして開催方法が対面からオンラインでの実施に変わりつつあります。

就職活動における連携

最もよく行われている連携の一つは、就職活動時期の学生に向けた就職ガイダンスや企業説明会です。さまざまな業界や職場の社会人と就職活動中の学生が参加し、業界や仕事内容、働き方などの紹介画行われます。職場の雰囲気や仕事内容、仕事のやりがい、職場での1日の様子等を紹介してもらえるなど、学生にとっては自分自身の希望や価値観に合った職場や仕事を探すことの大きな手助けとなります。

積極的にＯＢ・ＯＧの訪問を

在学中は教育という場面での活動ですが、大学や大学院を卒業すると大多数の学生は社会に出て働くことを選択し、労働の場面に移ります。就職に関する情報は、企業のホームページなどからも得ることができますが、働く場の詳細はなかなかわかりません。実際に企業で働く人の声を聴く機会として、OB・OG訪問も重要となります。

就職に関する大学でのイベントは、オンラインでの開催が増えたことで、いつでもどこでも参加が可能となっています。その半面、直接、人と会う機会が減っています。

大学入学後は、大学で用意されている企業との連携機会を積極的に活用するとともに、自ら積極的に情報を得ようとする姿勢も重要となります。

就職活動
ミニ講座

「パート2」引用・参考文献

石井京子・池嶋貫二・高橋知音(2017)：人材紹介のプロがつくった発達障害の大学生のためのキャンパスライフQ＆A．弘文堂．

障害者職業総合センター（2023）：発達障害のある学生に対する大学等と就労支援機関との連携による就労支援の現状と課題に関する調査研究．調査研究報告書 No.166．

大学入試センター（2022）：令和5年度大学入学者選抜に係る大学入学共通テスト　受験場の配慮案内〔障害等のある方への配慮案内〕．
https://www.dnc.ac.jp/kyotsu/shiken_jouhou/r5/r5_hairyo.html（2023年6月5日閲覧）

高石恭子・岩田淳子編著（2012）学生相談と発達障害．学苑社．

西村優紀美編著（2021）：発達障害のある生徒・学生へのコミュニケーション支援の実際－修学から就職後の支援まで．金子書房．

日本学生支援機構（2018）：合理的配慮ハンドブック～障害のある学生を支援する教職員のために～．
https://www.jasso.go.jp/gakusei/tokubetsu_shien/shogai_infomation/handbook/index.html（2023年6月5日閲覧）

日本学生支援機構（2022）：令和3年度（2021年度）大学、短期大学及び高等専門学校における障害のある学生の修学支援に関する実態調査結果報告書．
https://www.jasso.go.jp/statistics/gakusei_shogai_syugaku/2021.html（2023年6月5日閲覧）

松為信雄・奥住秀之監修（2016）：これでわかる発達障がいのある子の進学と就労．成美堂出版．

文部科学省（2012）：障がいのある学生の修学支援に関する検討会報告（第一次まとめ）．
https://www.mext.go.jp/b_menu/houdou/24/12/1329295.htm（2023年6月5日閲覧）

文部科学省（2017）：障害のある学生の修学支援に関する検討会報告（第二次まとめ）について．
https://www.mext.go.jp/b_menu/shingi/chousa/koutou/074/gaiyou/1384405.htm　（2023年6月5日閲覧）

文部科学省（2021）：大学入試のあり方に関する検討会議　大学入試の在り方に関する検討会議提言．

パート **3**

もっと知りたい
学校での実践のポイント

　パート3では、高等学校でのキャリア教育・進路指導の取り組みのイメージを深められるよう、発達障害のある生徒に対する高等学校での実践例や、実際の進学事例をまとめています。パート1で解説した「指導・支援のポイント」、パート2で解説した「制度・施策のポイント」の内容との関連を確認しつつ読むことで、取り組みに向けたヒントを得られると思います。

　なお、発達障害のある生徒の進学について具体的なイメージが湧きにくい読者には、まずは、このパート3の進学事例から読んでいただくことをお勧めします。

高等学校での実践例から

1 全日制高校普通科での取り組みを教えてください（半数以上の生徒が進学を希望）

ここでは、課程や学科が異なる高等学校における進路指導に関する取り組みの実践例を紹介します。D高等学校は、全日制普通科の高等学校です。次のように、全体の半数以上の生徒が進学を希望しています（図「D校の進路状況」参照）。

図　D校の進路状況

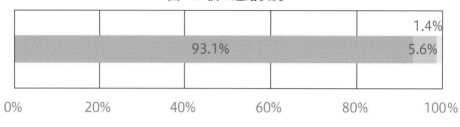

■大学等　■公務員　■その他

D高等学校の事例紹介

学校の概要

全校生徒数・学級数（定員）

定　員：720名、1学6学級

※紹介している事例は、複数の学校の実践をもとにしてまとめた架空事例です。

発達障害等のある生徒の状況

D高等学校に在籍するほとんどの生徒は、進学を希望しており、学習面や行動面に課題のある生徒が一定数、在籍しています。中学校までに特別支援学級に在籍した経験のある生徒も在籍していますが、進学を希望する学力を有していることもあり、特に問題視されていません。

・発達障害の診断がある生徒（在籍生徒数に対する割合）

学習障害	注意欠如・多動症	自閉スペクトラム症
0.3%	0.2%	0.5%

・教師による行動観察やチェックリストの活用により、配慮が必要と思われる生徒
（在籍生徒数に対する割合）

学習面	行動面（ⅰ）	行動面（ⅱ）
0.5%	1%	2%

※学習面（「聞く」「話す」「読む」「書く」「計算する」「推論する」）
※行動面（ⅰ）（「不注意」「多動性―衝動性」）
※行動面（ⅱ）（「対人関係やこだわり等」）

・特別支援学級に在籍していた生徒（在籍生徒数に対する割合）

小学校のみ	小中学校	中学校のみ
0%	1%	0%

教育課程

　個々の生徒の特性に応じた指導に関する教科・科目は設定されていません。必要に応じて個別的な指導が行われています。

校内体制

　発達障害のある生徒については、学級担任と特別支援教育コーディネーターが中心となって指導・支援の内容を検討して、学年や職員全体で共有しています。また、校内委員会を開催して、配慮の必要な生徒の状況を確認しています。希望する生徒は、教育相談担当者や、スクールソーシャルワーカーとの面談の機会が設けられています。

一斉指導での配慮

　各クラスに発達障害の特性がある生徒が在籍しており、１年間に数回、すべてのクラスで生徒の自己理解や、周囲とのコミュニケーション等に関する指導を同時に行うよう計画し、必要に応じて個別的な指導を行うようにしています。

個々の生徒への配慮

　Ｄ高等学校には、合理的配慮の提供を受けている生徒が全校生徒の約１％程度、在籍しています。発達障害のある生徒への配慮は、次のとおりです。

　学習障害で、自分の言いたいことを表現することが苦手な生徒に対しては、授業前に予告してから指名するようにし、学習内容を予習しておくよう指示をしています。

　注意欠如・多動症の生徒で、指示に従うことや、仕事を最後までやりとげることが難しい生徒に対しては、具体的な指示を一つずつするようにしています。また、気が散りやすい生徒に対しては、パーティションを利用しています。

　自閉スペクトラム症の生徒で、グループ活動に参加することが難しい生徒に対して、グループ

編成の際に、理解のある生徒と同じグループになるよう配慮したり、活動の見通しを持たせるためのプリントを準備したり、役割を明確にしてグループでの活動に参加できるようにしています。また、見通しをもつことが難しい生徒に対しては、タイムタイマーを利用しています。

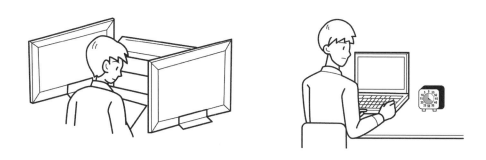

キャリア教育・進路指導の取り組み

　D高等学校の進路指導について、パート1「1 進路指導のポイントを教えてください」（28頁）を参考に、実践例を紹介します。

個人資料に基づいて生徒理解を深める活動と、生徒の自己理解を促す活動

　D高等学校では、入学直後、すべての学級において、中学校までに経験したことや、希望する進路に関する情報をまとめ、数名のグループで発表し合うなどの活動をしています。その後も学期末に、活動の振り返りや、将来に向けた考えを周囲に発表し合うなどの活動を行うことで、進路の選択・決定、自分の得意なことや苦手なことなどの気づきを促しています。高等学校卒業後、一人暮らしをする生徒もいることから、発達障害のある生徒が生活するうえで課題と考えられることについても個別的に検討するようにしています。

進路に関する情報を生徒へ提供する活動

　D 高等学校は、学校全体の進路指導やキャリア教育の中心となる進路指導部があります。

　学級担任は、進路指導部との連携を通して、生徒の特性にあった進学先の情報提供を行っています。発達障害のある生徒については、複数の大学による説明会の際に、特別支援教育コーディネーターと共に、障害のある学生の支援を担当している部署や、その利用方法等について確認するなどの情報提供を行っています。

啓発的経験を生徒へ提供する活動

　D 高等学校の進路指導部は、近隣の複数の大学と密な連携を行っており、定期的に大学の教員に高等学校を訪問してもらい、希望する生徒に対して大学の講義を体験できる機会を設けています。発達障害のある生徒については、このような機会を積極的に活用するよう促し、講義終了後、学級担任と生徒が感想等を共有できるようにしています。さらに、進学先卒業後の生活に向けた準備として、企業や、工場、店舗等の見学や、働いている方との意見交換の機会を設けています。

進路に関する相談の機会を提供する活動

　D 高等学校では、進路に関する希望調査とともに、学期末にその学期にあった行事や、進路に関する取り組みをまとめるようにしています。その内容を参考に、学級担任が個別面談を行っています。発達障害のある生徒については、次年度の教育課程の履修登録をする時期に、進路に向けたケース会議を開催して、なりたい職業や将来の目標を確認するとともに、福祉や労働機関の担当者から情報提供を受けるようにしています。また、進学を希望する大学等に在籍している卒業生と大学生活やアルバイト等に関する懇談の機会を設けています。

進学等に関する指導・支援の活動

　進路指導部による情報提供を参考にしながら、担任や特別支援教育コーディネーターによる個に応じた具体的な指導や支援が行われます。発達障害のある生徒の中には、面接や小論文等の受験における合理的配慮の提供に係る資料の作成や、申請、リハーサル等の準備を行います。また、授業で将来の職業生活を思い描き、それまでに必要な資格や、進学先、就労先に関する情報の整理、検討を行う活動に取り組んでいます。合理的配慮の提供については、受験対策として行うものではなく、日頃からで取り組んでおくことが重要です。

卒業者の支援に関する活動

　D 高等学校は、近隣の複数の大学と密な連携を行っており、特別支援教育コーディネーターが定期的に障害のある学生を支援する部署を訪問しています。その際、卒業生の状況を把握し、必要に応じて面談するなどの機会を設けています。

保護者・関係機関との連携

　保護者が不安に思ったことや気になったこと等を担任や特別支援教育コーディネーター等に相談するには、教師と保護者との信頼関係が必要です。各学校では、授業参観や、授業公開を定期的に行い、保護者や就労先、関係機関の担当者が授業や実習を参観できるようにしています。

　学校と関係機関が連携するためには、それぞれの役割や背景が異なることを理解しておく必要があります。学校の教師の多くは、集団から個々の生徒に注目しますが、関係機関の担当者の中には、個々の生徒から集団に注目する場合があります。

　例えば、発達障害のある生徒とつながりが深い福祉の担当者との連携について、次のような役割の違いがまとめられています（国立特別支援教育総合研究所,2022）。

> 〜　教育と福祉の担当者が連携するために必要な観点　〜
> ・教育は組織で対応しており、福祉は担当者個人が中心となって対応している
> ・制度の違いにより、用語の意味や使い方が違う
> ・違いは多角的な視点がもてるメリットでもある
> ・教育制度、福祉制度の双方の理解の促進が大切である
> ・切れ目ない支援のための連携が必要である
> ・支援ファイルや支援計画は、つながりをもたせる

　ここでは、「発達障害を含む障害のある幼児児童生徒に対する教育支援体制整備ガイドライン」（文部科学省，2017）を参考に、D高等学校と保護者や関係機関等との連携に注目します。

中学校との連携（引継ぎ）

　D高等学校は、中学校在籍時に個別の指導計画や個別の教育支援計画が作成されていた生徒を対象として引き継ぎを行っています。また、D高等学校がある地域では、教育委員会が指定した様式での中学校と高等学校の連携シートがあり、その活用を通して概要を把握し、必要に応じて学校を訪問するなどして情報収集を行っています。その際、学習面に課題がない生徒に対して、対応が先送りされていないかを確認するための項目を独自に設け、確認するようにしています。

入学前の保護者や生徒との関わり

　D高等学校は、中学校在籍時に個別の指導計画や個別の教育支援計画が作成された生徒や、受験時に合理的配慮の提供に関する協議を行った生徒等について、入学前に個別の面談を行うなどの取り組みを行っています。また、学校全体の指導方針を生徒と保護者へ同時に伝え、通級による指導の検討など、入学後の指導や支援について共通理解を図っています。

生徒の障害特性等の理解に向けて

　D高等学校では、学習内容の理解が困難である生徒はほとんど確認されていませんが、読み書

きに困難がある生徒や、周囲とのコミュニケーション面に課題のある生徒が一定数在籍しています。このため、入学後直ぐに1年生を対象として面談を行い、困難さがある生徒については、合理的配慮の提供の必要性について協議し、定期考査や校外模試等での実践を通して、卒業後の進学先での学びに向けた準備をしています。

進学先への引き継ぎ

　D高等学校では、発達障害のある生徒に対して、個別の教育支援計画を作成しています。個別の教育支援計画は、生徒と対話しながら作成することとし、定期考査や校外模試の合理的配慮の提供に関する協議を行い、進学先に引き継いでいます。また、地元の大学等について、障害のある学生を担当する関係者と入学前に引き継ぎのための会を設けるようにしています。

機関連携に向けた留意点

　発達障害のある生徒の中には、複数の医療機関に関わりながら服薬している生徒がいます。また、高等学校入学前から地域の発達障害者支援センターを利用するなど、複数の関係機関とつながっている生徒がいます。D高等学校では、個別の移行支援計画の中に項目を設け、概要を記載するようにしています。生徒の進学先が高等学校と異なる自治体になる場合など、卒業後の支援体制について、生徒と保護者と検討しています。また、発達障害のある生徒や保護者の中には、発達障害があることを就労先に伝えずに就労することを希望する場合があります。このような場合には、福祉や労働機関など、利用できる機関を紹介しておき、将来、利用したいと考えたときには、利用できるよう情報提供をしておくことが重要です。

2 全日制高校普通科での取り組みを教えてください（在籍生徒の半数に満たない生徒が進学を希望）

ここでは、課程や学科が異なる高等学校における進路指導に関する取り組みの実践例を紹介します。E高等学校は、全日制普通科の高等学校です。次のように、一部の生徒が進学を希望しています。なお、定時制の普通科高等学校においても同様な取り組みが考えられます（図「E校の進路状況」参照）。

図　E校の進路状況

26.2%	34.6%	32.7%	6.5%

0%　　20%　　40%　　60%　　80%　　100%

■大学等　■専修学校　■就職　■公務員

E高等学校の事例紹介

学校の概要

全校生徒数・学級数（定員）

定　員：360名、1学年3学級

※紹介している事例は、複数の学校の実践をもとにしてまとめた架空事例です。

発達障害等のある生徒の状況

E高等学校に在籍する生徒は、小学校や中学校までに特別支援学級に在籍していた生徒や、発達障害の診断がある生徒が一定数在籍しています。また、行動面に課題があると思われる生徒が多い一方で、学習面にも配慮が必要と思われる生徒もいます。

・発達障害の診断がある生徒（在籍生徒数に対する割合）

学習障害	注意欠如・多動症	自閉スペクトラム症
1％	2％	2％

・教師による行動観察やチェックリストの活用により、配慮が必要と思われる生徒
（在籍生徒数に対する割合）

学習面	行動面（ⅰ）	行動面（ⅱ）
2％	3％	1％

※学習面（「聞く」「話す」「読む」「書く」「計算する」「推論する」）
※行動面（ⅰ）（「不注意」「多動性―衝動性」）　※行動面（ⅱ）（「対人関係やこだわり等」）

・特別支援学級に在籍していた生徒（在籍生徒数に対する割合）

小学校のみ	小中学校	中学校のみ
0％	2％	0％

教育課程

　学校設定教科（2単位）を1、2年次に開設し、生徒の将来の社会生活に向けた準備として、生徒自身の得意なことや苦手なことに対する理解や、敬語の使い方、身だしなみ、あいさつの姿勢等について学ぶ機会を設けています。

校内体制

　小学校や中学校までに不登校を経験している生徒等が一定数いることから、学年会や校内委員会で丁寧に状況の把握が行われています。発達障害のある生徒については、授業の履修や、単位の取得状況、学校での様子を共有するよう共通理解しています。その際、学級担任と特別支援教育コーディネーターが中心となって指導・支援の内容を検討して、学年や職員全体で共有しています。

一斉指導での配慮

　学校全体の取り組みとして、肯定的な声かけを意識することや、望ましい姿を具体的に伝え、できたら褒めるといった支援に取り組んでいます。また、プリント学習を中心としている教科・科目については、配付したプリントを綴じるファイルと時間割表の色を同じにするなどの支援を行っています。このほか、手帳を活用したスケジュールの管理や、メモをとる習慣の確立などの指導を行っています。

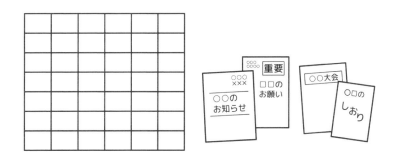

個々の生徒への配慮

　E高等学校には、合理的配慮の提供を受けている生徒が全校生徒の約３％程度、在籍しています。発達障害のある生徒への配慮は、次のとおりです。

　学習障害で、音読することが苦手な生徒については、語のまとまりや区切りがわかるように分かち書きされたものを準備しています。

　注意欠如・多動症の生徒については、例えば、ペアやグループで、「作業内容を口述→作業→確認」というように短い時間での作業の積み重ねを通して、実習を行っています。

　自閉スペクトラム症の生徒については、感覚の過敏への対応や、学習や作業内容を伝える際に、具体的内容で短く簡潔な文章や、メモを用いるようにしています。また、理解できているかどうかを確認するために、自分が何をするかを説明するよう促すなどの機会を設けています。

キャリア教育・進路指導の取り組み

　E高等学校の進路指導について、パート１「１進路指導のポイント」（28頁）を参考に、実践を紹介します。

個人資料に基づいて生徒理解を深める活動と、生徒の自己理解を促す活動

　E高等学校では、すべての生徒を対象として、進路に関する教材として、「進路ノート（仮称）」を活用しています。この教材は、プロフィールに加え、自分のセールスポイントや、苦手なこと、配慮をお願いしたいことなどをまとめたものになります。また、学校設定教科において、生徒の得意なことや苦手なことの把握や、周囲とのコミュニケーション等に関する指導を行っています。この教科は、複数の教員が担当しており、発達障害のある生徒については、集団における個別的な指導が受けられるようになっています。

進路に関する情報を生徒へ提供する活動

　E高等学校には、学校全体の進路指導やキャリア教育の中心となる進路指導部があります。発達障害のある生徒については、進路先で障害のある学生の支援をしている部署に関する情報提供や、希望している進路先に在籍している卒業生に関する情報提供を行っています。また、発達障害のある卒業生が進学して工夫していることや、困っていることなどの情報提供を行っています。特別支援教育コーディネーターは、福祉や労働機関と連携する機会があることから、発達障害のある生徒の卒業後の支援機関の確認や、相談窓口となる担当者に関する情報提供を行っています。

啓発的経験を生徒へ提供する活動

　E高等学校では、進学や就職等の希望にかかわらず、２年次に校外の職場体験、３年次に休業期間を活用した職場体験を行っています。職場体験では、希望している進路に関係している職場等で働くことを通して、働くことの困難さや、やり甲斐などを体験できるようにしています。また、進学を契機に一人暮らしをすることもあるため、出退勤や時間の管理など、家族や学校による支援を最小限度にしながら職場体験を行っています。

進路に関する相談の機会を提供する活動

E 高等学校では、「進路ノート（仮称）」を活用した実践が行われており、進路に関する希望調査とともに、学期末にその学期にあった行事や、進路に関する取り組みをまとめるようにしています。その内容を参考に、学級担任が個別面談を行っています。

発達障害のある生徒については、学期の終わりに進路に向けた個別面談を実施して、将来の目標を確認するとともに、必要に応じて福祉や労働機関の担当者との面会の機会も設けています。

進学等に関する指導・支援の活動

進路指導部による情報提供を参考にしながら、担任や特別支援教育コーディネーターによる個に応じた具体的な指導や支援が行われます。学校全体の生徒の一部が進学を希望していることもあり、面接や作文等における合理的配慮の提供に係る資料の作成や、申請、リハーサル等の準備を少人数のグループを編成して行っています。なお、合理的配慮の提供については、受験対策として行うものではなく、日頃から授業等で取り組んでおくことが重要です。

卒業者の支援に関する活動

E 高等学校では、進路指導部と卒業時の学級担任が中心となって、進学後の卒業者の状況を把握するようにしています。また、障害のある学生を支援する部署を利用する生徒や、福祉機関や労働機関を利用する卒業者については 、特別支援教育コーディネーターが中心となって状況を把握し、必要に応じて支援を行っています。

保護者・関係機関との連携

保護者や関係機関の担当者との連携を充実するためには、それぞれの役割や背景が異なることを理解しておく必要があります。学校の教師の多くは、集団から個々の生徒に注目しますが、関係機関の担当者の中には、個々の生徒から集団に注目する場合があります。ここでは、「発達障害を含む障害のある幼児児童生徒に対する教育支援体制整備ガイドライン」（文部科学省, 2017）を参考に、E 高等学校と保護者や関係機関等との連携に注目します。

中学校との連携（引き継ぎ）

E 高等学校は、学習面や行動面に課題がある生徒が入学していることもあり、学校独自に中学校との連携シートを作成しています。このシートの活用により、生徒の困難さの概要を把握し、必要に応じて中学校を訪問するなどして、引き継ぎを行うようにしています。また、高等学校卒業後に向けた進路希望に関する指導の状況を把握することで、指導の参考としています。

入学前の保護者や生徒との関わり

E 高等学校は、中学校在籍時に個別の指導計画や個別の教育支援計画が作成された生徒等について、卒業後の進路として就労又は進学のどちらを希望しているかを確認しています。また、すべての生徒や保護者の希望に応じて、保護者や生徒と授業等を担当する教員とのケース会を行い、進学希望先に関する情報提供や、入学後の配慮に関する確認を行っています。

生徒の障害特性等の理解に向けて

E 高等学校には学校設定教科があり、コミュニケーション等に関する指導や、卒業生の体験談

を聞く機会を設けるなどしています。また、学校設定教科を担当する教師は、取り組んだ教材等を通常の学級の担任に提供することで、通常の学級においても同様の指導を行うことがあります。このほか、発達障害等がある生徒について、同様な特性のある卒業生を招いて、個別的に話を聞く機会を設けるなどしています。

進学先への引き継ぎ

　E高等学校では、進路先に応じて担当窓口の役割分担を行っています。例えば、就労については進路指導部、進学は特別支援教育コーディネーターが中心となって学級担任と共に引き継ぐよう体制を構築しています。発達障害のある生徒の受験上の配慮について、学校設定科目や、放課後の時間を活用しながら検討・検証するようにしています。

機関連携に向けた留意点

　パート3（95頁）に機関連携に向けた留意点をまとめましたので、参照してください。

3 全日制高校専門学科での取り組みを教えてください

ここでは、課程や学科が異なる高等学校における進路指導に関する取り組みの実践例を紹介します。F高等学校は、全日制専門学科の高等学校です。次のように、一部の生徒が進学を希望しています（図「F校の進路状況」参照）。

図　F校の進路状況

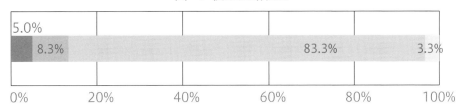

| 5.0% | 8.3% | 83.3% | 3.3% |

■ 大学等　■ 専修学校　■ 就職　■ 公務員

F高等学校の事例紹介

学校の概要

全校生徒数・学級数（定員）

定　員：600名、1学年5学科5学級（工業系2学級、商業系2学級、農業系1学級）

※紹介している事例は、複数の学校の実践をもとにしてまとめた架空事例です。

発達障害等のある生徒の状況

　F高等学校に在籍するほとんどの生徒は、就職を希望しており、学習面や行動面に課題のある生徒が一定数、在籍しています。中学校までに特別支援学級に在籍した経験のある生徒も在籍しています。

・発達障害の診断がある生徒（在籍生徒数に対する割合）

学習障害	注意欠如・多動症	自閉スペクトラム症
0.5%	1%	1%

・教師による行動観察やチェックリストの活用により、配慮が必要と思われる生徒
（在籍生徒数に対する割合）

学習面	行動面（ⅰ）	行動面（ⅱ）
3％	3％	2％

※学習面（「聞く」「話す」「読む」「書く」「計算する」「推論する」）
※行動面（ⅰ）（「不注意」「多動性―衝動性」） ※行動面（ⅱ）（「対人関係やこだわり等」）

・特別支援学級に在籍していた生徒（在籍生徒数に対する割合）

小学校のみ	小中学校	中学校のみ
0％	3％	1％

教育課程

通級による指導が設置されており、自校通級で、2、3年次に2単位、教育課程内（替える教育課程）で実施されています。その際、複数の生徒（3～4名）に対して、複数の教師（2～3名）が指導する体制で行われています。

校内体制

F高等学校は、五つの学科があり、それぞれの学科が1学級で構成されていることから、生徒は入学から卒業まで同じ学級で過ごすことになります。発達障害のある生徒については、学級担任と各学科の所属職員、特別支援教育コーディネーター、通級による指導担当者が中心となって指導・支援の内容や方法等を検討しています。また、学年会や学会において、発達障害のある生徒の状況の変化を話題にし、必要に応じて校内委員会でケース会等を行っています。

一斉指導での配慮

学校全体での取り組みとして、教室環境や授業の進め方への基本的なルールを設けることや、実習場所の構造化、指示の明確化のための共通理解を図っています。特に、実習内容によっては、危険を伴うこともあるため、手順の説明を行う際に、周囲の生徒と確認してから実習を開始することや、必要に応じて視覚的な資料を準備するなどの工夫をしています。

個々の生徒への配慮

F高等学校には、合理的配慮の提供を受けている生徒が全校生徒の約1％程度、在籍しています。発達障害のある生徒への配慮は、次のとおりです。

学習障害（計算する困難）の生徒については、専門教科の公式等をヒントカードとして準備することや、電卓の使用を認めるなどしています。また、σ（シグマ）やε（イプシロン）など、日常的に使用しない記号にルビをつけるなどの配慮をしています。

注意欠如・多動症の生徒について、不注意な間違いが多い場合には、他の情報に影響を受けやすいのか、わずかな情報ですぐに判断してしまうのか等の状況を確認しながら、必要な情報に注

目するなどの指導をしています。

　自閉スペクトラム症の生徒については、実習の開始と終わりや、作業内容が曖昧にならないように、短く、具体的に指示することが心がけられています。また、その内容を視覚化して提供するなどの配慮を行っています。

キャリア教育・進路指導の取り組み

　F高等学校の進路指導について、パート1「1進路指導のポイントを教えてください」（28頁）を参考に、実践を紹介します。

個人資料に基づいて生徒理解を深める活動と、生徒の自己理解を促す活動

　F高等学校では、すべての生徒を対象として、進路に関する教材として、「進路ノート（仮称）」を活用しています。この教材は、卒業後の就労に向けて取得した資格や、進路希望などをまとめるために活用しています。各学科では、資格や検定試験を受験しており、合理的配慮の申請を行う場合があります。また、複数人で協働しながら作業を進めるために、実習等において、グループでの話し合いや、自分の意見をまとめて説明すること、周囲の意見と折り合いをつけるなどを経験する機会を設けています。

進路に関する情報を生徒へ提供する活動

　F高等学校には、学校全体の進路指導やキャリア教育の中心となる進路指導部があり、各学科の教員が1名以上所属しています。進学や就労に関する連携は、進路指導部と各学科、発達障害のある生徒の卒業後の支援機関の確認や、相談窓口となる担当者は、特別支援教育コーディネーターが担当するなど、役割分担をしています。

啓発的経験を生徒へ提供する活動

　F高等学校では、1年次に各学科で複数の企業の見学、2年次に職場体験を行っています。企業の見学では、実際に働いている方との意見交換を通して、働くことの意義や、やり甲斐、大変さについて考え、発表するなどの活動を行っています。職場体験では、授業や実習で取り組んでいる内容を実際に活用する場面もあり、高等学校での学びの重要性を考える機会としています。進学を希望する生徒については、進学先の卒業生との懇談の機会を設けるなどしています。

進路に関する相談の機会を提供する活動

　F高等学校では、進路に関する教材を活用した実践が行われており、進路に関する希望調査とともに、学期末にその学期にあった行事や、進路に関する取り組みをまとめるようにしています。学校全体の一部の生徒が、進学を希望していることもあり、希望する職種の適性の検討や、進学先卒業後の生活に向けて危惧されることの解決に向けた手立ての検討など、丁寧な指導が行われています。

進学等に関する指導・支援の活動

　F高等学校では、授業や実習の状況、生徒の性格や特性、本人の希望を踏まえて、就労先や進学先の情報提供をしています。また、各学科の教員のほとんどが、面接指導など、進学等に向け

た個別的な指導に関わっています。発達障害のある生徒についても、他の生徒と共にこのような指導・支援を通して行われていますが、通級による指導におけるコミュニケーションに関する指導として、面接に関する資料の作成や、リハーサル等の指導を行う場合もあります。

卒業者の支援に関する活動

　F高等学校では、卒業して就労している者は、各学科、進学した者は、進路指導部が中心となって、進路先との連携を図りながら、卒業生の状況を把握しています。進学を希望する生徒については、在学中に個別の移行支援計画を作成して、進学先との連携を図っています。また、各学科の教員が定期的に進学先を訪問するなどして、卒業者の状況の把握に努めています。福祉機関や労働機関を利用する卒業者については、特別支援教育コーディネーターが中心となって状況を把握しています。

保護者・関係機関との連携

　保護者や関係機関の担当者との連携を充実するためには、それぞれの役割や背景が異なることを理解しておく必要があります。学校の教師の多くは、集団から個々の生徒に注目しますが、関係機関の担当者の中には、個々の生徒から集団に注目する場合があります。

　ここでは、発達障害を含む障害のある幼児児童生徒に対する教育支援体制整備ガイドライン」（文部科学省，2017）を参考にF高等学校と保護者や関係機関と連携に注目します。

中学校との連携（引継ぎ）

　F高等学校は、入学する前の3月に入学予定生徒が在籍している中学校の生徒指導担当者や特別支援教育コーディネーターと情報交換を行う機会を設けています。発達障害等のある生徒については、中学校での支援の状況や生徒の特性、在籍中のエピソード、将来の進路目標等について情報収集を行っています。このような情報収集を通して、高等学校入学後の指導や支援にいかすようにしています。

入学前の保護者や生徒との関わり

　F高等学校は、合格発表後、入学前に登校日を設け、教育課程の説明や、学校全体の指導方針、個々の生徒への配慮等について説明をしています。その際、保護者を対象として、生徒の得意なことや苦手なことについてアンケート調査を実施し、実態を把握できるよう工夫しています。また、必要に応じて、個別の面談を行うなどの取り組みを行っています。

生徒の障害特性等の理解に向けて

　F高等学校の教育課程には、専門教科に関する実習が多く設定されています。実習では、複数名がグループとなり、役割分担・協力しながら課題に取り組みます。自分だけでなく、他人にも得意なことや苦手なことがあることを理解すると共に、グループの一員として貢献できるという自己有用感の向上につながっています。このほか、通級による指導が行われており、個別的な指導として自らの特性に関する理解を深める機会を設けています。

進学先への引継ぎ

　Ｆ高等学校は、発達障害のある生徒について、授業や実習で行っていた配慮の意義や内容、方法などをまとめ、進学先に伝えるようにしています。例えば、忘れ物が多い生徒に対して、必ずメモを取るように指導して、所定の場所に保管する配慮をしたということなど、具体的な対応について引き継ぐようにしています。

機関連携に向けた留意点

　パート３（95頁）に機関連携に向けた留意点をまとめましたので、参照してください。

進学先への円滑な移行を支える取り組み
－大学と高等学校とのギャップの克服に向けて

高等学校から大学などへの円滑な移行を支えるためには、進学後の先を見据えた取り組みを行っていくことが重要です。ここでは、大学と高等学校とのギャップの克服に焦点をあてて解説します。

ギャップの克服は自立のチャンス

進学先では、高等学校で過ごした環境との間に大きなギャップが生じます。日々の連絡事項は、メールやホームページなどで確認する必要があります。履修科目も、各自で登録します。教室も、各自で確認します。予習復習、試験準備、レポート提出の管理も、自己責任です。

高等学校のように、朝や帰りのホームルームはありません。連絡事項を伝える担任もいません。こうした変化は、発達障害のある学生に大きな戸惑いをもたらします。しかし、自立が求められる環境は、成長のチャンスでもあります。ギャップを乗り越え、大学生活を謳歌するためには、高等学校段階での指導や支援が一層大切なものとなります。

アカデミック・インターンシップの活用

ギャップの克服は、進学先での学習や生活がどれほど自分に合っているかの検討にかかっています。こうしたギャップの克服を目指し、多くの高等学校では、総合的な探究の時間の充実を図っています。進学後の学習や生活を探求課題とし、進学後の「なりたい自分」を探す活動は、発達障害のある生徒にとっても、進学後の学習や生活を見通す大事な活動といえます。活動にアカデミック・インターンシップ が加わることで、体験を通してより具体的な情報をつかむことにもつながります。

活動で得た学びは、日々の授業との関連付けを図ることが重要です。高等学校の各教科等の学習の中に、大学での授業で想定される活動を取り入れることは、発達障害のある生徒の進学先での学習の準備となります。定期試験ごとのノートのまとめは、受講時にノートをとる、試験時にノートをまとめる、といったスキルの向上に直結します。グループごとの話し合い活動は、ゼミなどでのディスカッションに参加するスキルを磨きます。調べ学習は、レポート作成の段取りを経験し、提出期限を守る大切さを学ぶことにつながるでしょう。

合理的配慮を求めるために大切な自己理解を深めるための指導

このとき、発達障害のある高校生が身に付けた学び方の把握も大切になります。それは、学び方の修得に困難が生じたとき、その困難に対する配慮を進学先に求めることがあるからです。これが、いわゆる合理的配慮です。

合理的配慮を受けるためには、何が難しいか、どんな時に助けてほしいか、といったことへの本人の気づきが大切になります。本人の自己理解を深めるためには、できなかったことを叱る以上に、大切なことがあります。それは、本人に寄り添いながら、なぜ難しいか、どうしたら良いかを話し合うことです。

理解を深める指導は、個別性が高いものでもあります。通級による指導を活用するなど、個別の指導の充実を図りましょう。

コラム⑰

「通級による指導」を通じた進学先への円滑な移行を支える 取り組み—自ら支援を求められる力を育むために

高等学校における通級による指導（以下、高校通級）では、生徒が自己の特性などの理解を深め、困りごとに対応する力を育んでいくことも重要です。ここでは、進学を見据えた高校通級の取り組みについて解説します。

今までの学習環境との違いを知る

進学先での学習環境が、現在までの学習環境と、どのように異なるのかをまず知る必要があります。例えば大学では、必修科目や選択科目などをシラバスで確認し、自分で時間割を作成しなければなりません。また休講などが生じた際は、補講が設定されたり、特別な課題が課されたりなど、イレギュラーな対応が求められることもあります。最近では、WEB上のグループウェアなどを用いて、講義等に関する情報を自分でチェックしなければならないこともあります。このように、進学先では今までとは異なり、さまざまなことを自分自身で行わなければならない場合があることを、生徒自身が事前に把握しておく必要があります。

困ったときの対処方法を知る

これらのことを踏まえ、生徒がどのような場面で困難を抱えるかについて、高校通級を通して整理していきます。例えば、情報の整理や物事の優先順位をつけることが苦手な生徒は、時間割を作成するのが苦手かもしれません。また、予定変更が苦手な生徒は、休講による補講や課題提出などのイレギュラーな対応が困難かもしれません。そのようなことを整理し、それらの対処法について高校通級で一緒に考えていきます。

大学等では、学生相談センターが設置されており、そこでは学業や対人関係に関する、また合理的配慮に関する相談対応を行っています。どのような時にどこに相談すれば良いか、またそれらの相談体制が充実している大学等についての情報収集を行い、そのことも進路選択の一つの参考にしていけると良いでしょう。

進学先が決まった後は、できるだけ早く、進学先の相談機関につながることが大切です。そのために、あくまで本人、保護者の同意のうえで、高等学校と進学先とで個別の教育支援計画を含めた情報の引き継ぎが、できれば本人同席のもと進められると良いでしょう。

その際、高校通級で整理した予想される困難を思い出しながら、生徒が直接大学等関係者に相談できることが理想的といえます。

受験上の配慮申請について

大学などを受験する際、受験上の合理的配慮の申請ができます。大学入学共通テストでは、医師の診断書や高等学校での状況報告書をもとに、障害の種類に応じて、試験時間の延長や別室受験などいくつかの受験上の配慮申請を行うことができます。

このことは通級指導とは直接関係ありませんが、必要に応じて学校、本人、保護者とで情報共有しておくと良いでしょう。

最後に、進学するうえで理解しておかなければいけない重要なことは、今後は、困ったときに自ら支援を求めなければならないということです。

以上、大学等の高等教育機関では、さまざまな場面で、自分で判断し決めていくということが求められます。困難を感じた際も、自らそのことを発信し、支援を求めていく必要があるということは、進学するうえでぜひとも知っておいてほしいことです。

進学事例から

> ## 1 進学についてイメージできる事例を教えてください（Kさんの場合）

現在、成人している発達障害のある方の小学校就学前から大学入学後までの成長、周囲の支援の内容等の紹介を通して、進学についてイメージしていただきたいと思います。

〜Kさんの事例〜

高等学校入学前まで

はじめに

長男は、幼少期からちょっと風変わりな子どもでした。

・ミニカーを畳の縁に並べて眺めるのが定番の遊び方で、並べる順番に本人特有の決まりがあり順番が違うと怒り出す。

・皆と一緒よりも、お昼寝布団のしまってある納戸の中で一人静かに遊ぶのが好き。

・年少時の運動会のかけっこではスタートからゴールまで歩く。

私は、ユニークで面白い子だなと思うと同時に、どうして皆と同じようにできないのだろうと悩んでいました。幸い、園の先生方は長男を大らかに受け止めて成長を一緒に喜んでくださいました。長男は昆虫が大好きだったのですが、偶然園長先生も昆虫が大好きで長男の良き理解者でした。理解してくれる先生方の存在に親子で救われました。今の成長にもつながっていると感じていて感謝しています。

小学校

小学校に入学してからは、忘れもの・失くしものチャンピオンでした。1年生の初めての参観日は算数の授業、なんと長男はプリントで紙飛行機を折っていて一番目立っていました。保護者懇談会では自分の子どもの席に座るのですが、長男の机の中からは、地層のように重なった大量のプリントと靴下が5足も出てくるありさま。当時は顔から火が出そうなくらい恥ずかしい思いをしましたが、今となっては笑い話です。

長男もこのときは、慣れない学校生活で大変だったのだろうなと思います。小学校で一番困ったのは、書字が苦手で板書に追いつかない事でした。長男は家でよくこう言っていました。「書いている途中で黒板を消されるからノートをとるのが間に合わん」「先生の黒板の改行とノートの改行が違うから、ノートがとれない」など、書く困難さと独特のこだわりで授業中に大きなストレスを抱えているようで鉛筆は噛んでボロボロでした。

この頃は、イライラしていることも多くクラスメイトとのささいなトラブルも多かったように

記憶しています。小2の家庭訪問のときに担任の先生に思い切って書くのが苦手なことや改行のこだわりについて相談したところ、早速マス目のついた黒板を使用してくださったり、長男の気持ちに耳を傾けてくださったりと丁寧に寄り添ってご指導くださいました。毎日の宿題や漢字の書き取りは泣きべそをかきながら取り組んでいましたが、絵日記は絵が好きなことと先生からのコメントの一言がうれしくて一日の楽しかったことをすすんで書いていました。

　しかし、学年が上がるにつれ漢字は画数が多く複雑になり、宿題の量も増え宿題を最後まで終えられないことも増え、よく注意されていました。書字の苦手に関する支援については学校にも適切な資源はないようで、どうすれば良いかわからず親子で疲弊していました。

小学5年生の頃のKさんの作品。「クワガタの戦い」

　そんなとき救われたのは、大好きな昆虫採集で出会った宮崎昆虫調査研究会の先生方や、「木城えほんの郷」で毎年行われる昆虫合宿で出会う仲間たちの存在でした。好きな分野の話であれば老若男女問わず意見交換や情報交換をして楽しく交流することができ、不思議なことに昆虫標本に付けるラベルは手書きでも嫌がらずに作成することができました。

　このような長男の得意と苦手の凸凹を担任の先生に少しでも理解して欲しいと考え、5年生に上がるときに、ママ友に教えていただいたサポートブックを作成することにしました。当時はまだ発達障害や発達凸凹に関する理解は十分だといえず、甘えやわがまま・本人の努力不足だと誤解されることも多かったことと、情報を共有したいとの思いからです。

　5年生のときの担任の先生は話を聴いて嫌な顔一つせずに受け取ってくださいました。私は受け取っていただいたことにホッとした記憶があります。中学校入学時にもサポートブックを作成し、入学前に担任と学年主任の先生にお渡しすることにしました。このときは、読んでいただけるかわかりませんでしたが、教科担当の先生方の分も含めて5冊ほどサポートブックを持って行きました。

　担任の先生は、読書は好きだが書字が苦手という特性についてピンと来ていない様子でしたが、ひととおりしっかり話を聞いてくださいました。それから、手立てとして国語の時間はクラス全体を見る形で学年主任の先生が教室に入り、さりげなくノートがとれているか等様子を見てくださることになりました。

　先生方に、うるさい親だと思われないだろうかと心配しながらサポートブックを作成していったのですが、話を聞いて理解しようとしてくださる先生方の姿勢がとてもありがたかったです。

中学校

　中学校では長男が得意な絵をいかすことのできる美術部への入部を進めてくださったり、苦手な体育祭では応援旗を作成する係に推してくださったりして、得意な分野をいかせる環境を配慮していただきました。

　高校進学についても、長男の希望を尊重した進路相談を進めてくださいました。将来、大学進学を視野に入れて県立高校の普通科を希望し、中学校での定期テストは時間内に終えることができていたため、一般入試で受験することとしました。

　第2希望であった県立高校の普通科に合格しました。

高等学校時代

高等学校進学

　高校進学にあたってまず大きな環境の変化は登校時間です、例えば、中学のときの登校時間は徒歩10分でしたが高校へは自転車で40分かかります。さらに朝課外のある日は7時30分に学校に到着する必要があるため、6時40分には家を出発しなければなりません。通学路の確認、制服の採寸、教科書の購入など準備を進めながら、高校生活を想定したタイムスケジュールも具体的に話し合い、生活リズムも整えていくよう努めました。

　小学3年生の頃から、進級・進学のタイミングで定期的に宮崎県発達障害者支援センターで相談することにしていましたので、高校進学のタイミングでも予約して行きました。このように定期的に相談できる場所があることは心のお守りのような場所として必要なありがたい所です。この時は、本人にはさほど困ったことはなく相談というよりも近況報告といった感じでした。

　文字を書くことは相変わらず苦手でしたが、中学時代になんとか本人なりの工夫で乗り越えた経験もあり、新しい高校生活も楽観的に捉えていたようです。私は、環境の変化への不安と新しく出会う先生に長男のことを理解していただきたいと考え、高校入学時にもサポートブックを作成し担任・学生相談担当の先生と面談の時間を設けていただきました。

・全体の指示が自分に関係があることだと気が付かず、適切な行動ができないことがあること。
　そのようなときには遠くから大きな声で指示するよりも、軽く肩をたたいて目を合わせてから直接指示するとスムーズであること。

・ノートテイクが追いつかないのは、怠けているのではなく早く書くことが難しいため。マインドマップや教科書への書き込み等で済ませることもあること。

・学校行事等、集団のざわざわした環境が苦手であること。無理して参加することはできるがその後は疲労して集中できなかったりいつものように動けなかったりすること。

　以上のことなどをお伝えしました。

　担任は「早い時期にこのように情報がいただけるのはとてもありがたいです。トラブルなどが起きてからよりも、あらかじめ知っておくことで関わり方の参考になります」と仰ってくださいました。この頃は、県立高校で特別支援教育の体制はまだなく、理解しようとしてくださる先生がいらっしゃることがまずは一番の安心材料でした。

高等学校入学後

　入学式を無事に終えた帰り道、長男が突然宣言したことがありました。それは、「高校は義務教育じゃないから体育祭には参加しない」とのこと。聞けば、体育祭はへいしゃ物のないところで大量の紫外線を浴びるので非常に辛く体力も気力も消耗することや、大人数がざわざわしている場所に長時間いるのはキツイこと、がまんすれば参加できないことはないが体調が悪くなるとのことでした。確かに、小学校・中学校と体育祭や音楽祭などの大きなイベントの後には決まって体調を崩し、欠席や登校しぶりを繰り返していました。この時、初めて長男の言葉で冷静に客観的に自分の辛さを言語化して伝えてくれたのだと思いました。きっと言葉にできない年齢の時はどう伝えて良いかわからずに登校しぶりや体調不良などで SOS を伝えるしかなかったのだと思います。

　私は、本人の感じ方が聞けたのでそれを受けとめようと思い「小中学校はよほどがまんして参加していたんだね」と声をかけました。長男は、わかってもらえたと思ったのかホッとした顔をしていました。宣言のとおり、体育祭は高校 3 年間を通じて本番当日は欠席しました（練習には参加していました）。

　それから、修学旅行にも参加しませんでした。修学旅行は授業の一環なので学校に登校し、修学旅行に行かなかった数名の同級生と一緒に勉強や体育をしたそうです。少人数での行動だったので、違うクラスの人ともすぐに打ち解けて交流できたことは良かったと話してくれました。この経験を通してわかったことは、本人の特性に合わせた選択が皆とは違う選択であったとしても、そこにも何かしら大切な学びはあるのだということです。

　得意な分野での経験としては、高校 2 年の家庭訪問で担任にこれまで趣味で取り組んでいた昆虫標本を見てもらいました。そのことがきっかけで日本学生科学賞への応募と生物部への入部を勧められました。担任の先生、生物の先生、宮崎昆虫調査研究会の先生方のお力添えをいただき日本学生科学賞の県代表に選出されるという素晴らしい経験をさせていただくことができました。

Ｋさんが中学 2 年の頃に制作した昆虫標本

大学進学

　日本学生科学賞の県代表選出の経験から、農学部に進学したいという目標ができ、受験勉強に身が入るようになりました。記述回答の多い定期試験では、英語のスペルや漢字が正しく書けなかったりして、良い成績が取れなかったのですが、マークシートで回答する模試の成績が良かったことは、長男の特性を示すエピソードだと思います。入学時に心配していた、登下校の時間は、自然の中の生き物を撮影することを楽しみにしていたようです。

　国立大学農学部への進学を目標に決めた長男は、自己推薦入試で県外の大学を受験しましたが残念ながら不合格でした。気持ちを切り替え目標変更し、センター試験の結果をふまえて前期・

111

後期入試は自己推薦受験とは別の大学一つに絞りました。

志望校選択については、ほとんど自分で情報を集め担任とも相談して決めていましたので自己決定を尊重しました。受験勉強は自分のペースで勉強したいと塾などには行かず、わからないことがあれば積極的に高校の先生に質問に行っていたようです。数学の先生に質問に行ったら、先生がご自身のノートを引っ張り出してきて時間をかけてわかるまで教えてくださったと、うれしそうに話してくれたこともありました。ロングスリーパーの長男は夜遅くまで勉強することはできず、毎晩9時〜10時頃には就寝していました。

努力が実って前期試験の合格発表をネットで確認した瞬間に飛び上がって喜んでいました。さあ、実家を離れて初めての一人暮らしが始まりますので、まずは家事の練習です。わが家は小学校5年生になると、お風呂掃除とゴミ出しのお手伝いが子どもの担当になるルールでしたので、ゴミを分別したりコンパクトにまとめたりということには慣れており、引っ越しの荷ほどきや、家電の入った段ボールの処分などは苦にならなかったと言っていました。

大学入学後から現在

大学では、先輩の紹介でパソコン部品リサイクルショップでのアルバイトをしたり、休日には先輩や同級生と海や山に観察ツアーに行くなど充実した大学生活の様子をLINEで送ってくれました。県外の大学でしたのでコロナ禍の2年間は帰省もままならず、こちらからも訪ねることもできずに何もサポートができませんでしたが、友人や先生方に支えられて卒業しました。卒論発表会もWEBを利用したリモートでの開催だったそうです。コロナ禍では急な予定の変更や、感染対策として新しいシステムの導入なども多かったと思います。イレギュラーな対応も多くすべての学生にとって大変な大学生活だったと思います。

卒業後は大学院に進学しましたが、大学院1年生の秋に「半年休学して、絵を描くことに専念したい」と本人から相談がありました。幼少期から好きだった絵を今も続けていることは知っていましたが、本格的に勉強をしたわけではないので専念したいというのは少し驚きました。夫も私も、まずは本人が相談をしてきたことに安心しました。一人で抱え込まずに、これからも何でも相談して欲しいことを伝え、長男の考えていることがわかりましたので尊重し半年間の休学を承諾しました。

現在は、作品をネット経由で販売したり、海外からの依頼を受注したりしているそうです。今後、復学するのか、退学して就職するのか、制作活動が軌道に乗るのかなど、答えはまだ見つかっていないようですが、彼なりに考えて試行錯誤することやいろんな方に相談をすることも、また人生の学びとなると思っています。私たち親はこれからも、いつでも必要なときには人生の良きコンサルタントとしてときには意見し、ときには相談相手となりながら、彼が必要とするときにはいつでも一緒に考えていける存在でいたいと思っています。

2 家庭との連携のポイントを教えてください

ここでは、「Kさんの事例」を踏まえ、家庭との連携に向けて留意すべき点を親の立場から説明します。

その子自身を理解しようとすることの大切さ

これまでたくさんの方々に支えていただきながらユニークな特性をもつ子どもを育ててきました。「ユニークだ！」と笑えるときもありますが、時には周囲と良い関わり方を習得して欲しいとか、将来社会に出たときに困らないくらいの社会性を育むにはどうすれば良いのだろうかとの親心で思い悩むこともたくさんありました。

そんな中で幼稚園、小学校、中学校、高校で先生方と出会い、先で紹介させていただいたように長男も親も育てていただいたと思います。

これまでのたくさんの出会いの中で、親の立場でしばしば感じた事は、関わる大人が発達障害について知識があるかどうかが重要なのではなく（もちろん勉強されているに越したことはないと思いますが）、大事なのは困難さや得意もひっくるめて、その子自身を理解しようとしているかが一番大切なのではないかということです。特に発達障害に詳しくない先生であっても理解しようとする姿勢のある先生に出会った時は、この先生には本音を話してみようという気持ちになります。

保護者の思い

さまざまな凸凹や困難さを抱えている子どもと保護者は毎日疲弊しながらがんばっています。目に見えない困難さは、時に甘えやわがまま、努力不足だと誤解され悔しさや理不尽な思いをされてきたかもしれません。まずは、わかって欲しい、理解して欲しいのです。

評価やジャッジをせずに話を聴くカウンセリングマインドは、子どもと保護者の心を開き困難さの本質へのアクセスを促進します。信頼関係を築いたうえで、「建設的対話 ― 合理的配慮・支援の提案 ― 合意形成のプロセス」を構築できるかがポイントだと思います。

もちろん、支援は試行錯誤の連続ですが、子どもを中心に親と支援者が心を開き、時には意見の違いがあったとしても一緒に試行錯誤することができたら、それは最強の支援チームになるのではないでしょうか。

アフリカにはこのようなことわざがあるそうです「It takes a village to raise a child（一人の子どもを育てるには一つの村が必要だ）」。

脳が多様な学び方をもっているということが明らかになった今だからこそ、地域の教育・福祉の資源を大いに活用し、さまざまな視点の大人たちが連携しながら子どもも先生も親もハッピーな学びのスタイルがたくさん生まれる社会になって欲しいと思います。

3 事例のポイント解説（Kさんの事例から）

発達障害のある生徒は、本人の困難さや、良さが周囲に気づかれにくいため、障害による特性の理解やその対応に誤解を生じる場合があります。「Kさんの事例」をもとに保護者を生徒の支援者の一人として捉え、「本人及び周囲の肯定的な理解」「生徒が本音を伝える相手の存在や、安心して過ごせる場の提供」「家庭と教育と福祉の連携」の三つの視点に注目していきます。

本人及び周囲の肯定的な理解

文部科学省（2010）がまとめた生徒指導提要には、思春期における発達障害のある生徒の自己理解の難しさについて次のようにまとめられています。

発達障害のある児童生徒は、思春期になると多くの場合、学習活動などにおいて皆と同じように取り組めない経験の積み重ねから、自分に苦手な分野があることや他の児童生徒との違いに気付いてきます。対応の難しい場面で自分なりの試行錯誤を繰り返したり、他者からの助言を受け入れたりしながら、苦手なことに対する解決方法や対処の仕方などを身に付けていきます。また、そうしなければならないことを本人なりに理解するようになります。

発達障害のある児童生徒が将来に向けてこれからの自分の生き方を考えていく上で、発達障害としての特性を把握し、障害を個性として受け止め、自己理解を図ることが重要です。そして、身近で生活している人たちにとって、本人の障害受容をどう手伝うかが問題になってきます。

しかし、本人にとっては、それらの難しさが障害に起因するものと認めることには大きなハードルがあります。発達障害に対する社会の受け止め、理解が十分ではない現状では、障害という言葉は非常に重いもので、傷つき、悩み、不安感が高まります。障害の受容を進めることが、必ずしも社会への適応の早道ではなく、本人の自己理解の段階によっては苦しむことになるということを、周囲の者が十分に理解しておくことが重要です。

※生徒指導提要は、2022（令和4）年12月に改訂されましたが、思春期における発達障害のある生徒の自己理解に関する記述がないため、改訂前の資料から引用しています。

Kさんの事例については、保護者が生徒の発達障害の特性を肯定的に理解したこと、周囲とのトラブルがある中で、生徒自身も大変だと感じていることを受け止めたことが重要だと考えられます。また、小学校5年生以降に保護者が作成した「サポートブック」は、周りの関係者が生徒を理解するうえでも貴重な資料となりました。このような資料が基盤となり、生活環境の変化による困難さや、学習活動を行う場合に生じる困難さ等の改善につながりました。

生徒が本音を伝える相手の存在や、安心して過ごせる場の提供

　生徒が本音を伝えるためには、本人および周囲の肯定的な生徒理解に加え、心理的安全性の確保や信頼関係が大切になります。今回の事例では、保護者が窓口となり、周囲の関係者と共に、本人の願いや思いを丁寧に聴き、困難を把握しながら支援体制を構築できたことが効果的な指導や支援につながりました。また、保護者が生徒を昆虫調査研究会に参加させるなど、将来につながる活動や、仲間と出会う機会を提供できたことは、生徒が安心して過ごせる場の提供となり、生徒にとって心の支えになりました。

家庭と教育と福祉の連携

　生徒と保護者は、発達障害者支援センターを小学校時代から利用しており、保護者と生徒との関係が難しくなると考えられる思春期において効果的な支援につながりました。この連携は、学校での生徒への指導・支援の充実に加え、保護者の精神的な負担の緩和にも貢献しました。家庭と教育と福祉の連携は、就学前から高等学校卒業後までの長期的な支援につながります。このような連携の必要性は、文部科学省と厚生労働省（2018）による「家庭と教育と福祉の連携『トライアングル』プロジェクト報告」にもまとめられています。

　現在、大学生となった生徒は、実家を離れて一人暮らしをしています。幼少期からの家庭での手伝い、学校での指導や支援など、それまでの経験の積み重ねを効果的に発揮できており、今後も周囲の関係者が、生徒の思いや願いを踏まえながら状況を見守り、必要に応じて支援を検討することが求められます。

担当教員からのメッセージ

発達障害のある生徒への指導・支援にあたっては、生徒のことを一番よく知っている 保護者との連携が重要となります。ここでは、Ｋさんの担任の先生からいただいたメッセージを紹介します。担任の先生の取り組みから連携に向けたヒントが見出されます。

共に考え、関係を構築する

Ｋさん を小学校２年、３年の時に担任をさせていただきました。それから16年が経過しましたが、お母様からＫさんが自ら進む道を見つけ、自立していく近況を伺うことができて大変うれしく思っています。

私が記憶しているＫさんは、リラックスした表情でおしゃべりをしたり、工作や昆虫の扱い方について友人によくアドバイスしていた姿です。２年生の前半までは、なかなかＫさんと距離が縮められずにいましたので、お母様から教えていただいた発達支援センター担当医の先生からのアドバスを確認したり、お母様からＫさんの気持ちをお聞きしたりしながらＫさんと向き合い、学級経営を進めていました。

Ｋさんに対して初めての対応を試みては「どう？」と問う私に、Ｋさんの返事は当初「うーん」というものが多かったのですが、「うん」「まあ、いい」「あのね」と次第に気持ちを伝えてくれるようになりました。

３年生になると、Ｋさんの特徴に対する個別の対応についてＫさん自身もアイデアを出し、いっしょに考えるようになりました。テストのときに集中できるように、教室のカーテンや扉に工夫を加え仕切りにしようと、友だちも参加して試行錯誤したことなどはとても楽しい思い出です。

よき理解者、代弁者となる

学校は一律の環境を求める場面も多く、そのことで辛いこともあったと思います。しかし、相手をよく理解しようとすること、解決策をいっしょに仲間として考えることは、教育現場においても常に大事にしたいと考えています。その際、発達障害のある生徒の場合は、それまでの支援の経過を踏まえることや、本人の思いを共有できるように考えていくことで、解決策にたどり着きます。

Ｋさんのお母様がされてきたように身近な大人がよき理解者や代弁者となり伝えることと同時に、学校においてもよき理解者を増やし、支援経過と本人の成長を踏まえながら、本人を軸に切れ目なくつながっていくことは、みんなの育ちやすさにつながっていくのだと、Ｋさんのお母様のこれまでの姿とＫさんの成長から教えていただきました。

Ｋさんが小学校の頃作成した「標本のつくりかた」

K さんからのメッセージ

発達障害のある生徒の指導・支援において何よりも重要となるのが、本人の気持ち、ニーズに寄り添うことです。ここでは、当事者のKさんからのメッセージを紹介します。

ノートが上手くとれない、その理由

幼少期の自分の奇怪なエピソードについて親から聞くことはよくありますが、当時の心情や何に怒っていたのかを思い出すことは今となっては難しいです。

しかし、ノートがうまくとれないことについては最近数年で改善してきたこともあり、できない頃からの主観的な記憶がありますのでここに記したいと思います。

私の場合のノートがうまくとれないとは、

1　文字のサイズが意味なく大小さまざま
2　行が平行になく曲がりくねる
3　文章の先頭と末尾で文字の間隔や大きさが大きく変化する
4　ノート端に文字が詰め込まれている
5　行の先頭が揃っておらず読みづらい

といったものです。

通常、ノートは、書く文字の位置や大きさを文字のカタチや左右上下のバランス、さらにノートの罫線に注意を向けながら規則性を保ちながら書きます。

しかし、私の場合は書く瞬間、ペン先にすべての意識が集中するため、文字のカタチや左右上下のバランスやノートの罫線などの周囲への注意がすべて抜け落ちており、ノートをうまくとれていなかったように思います。

意識すれば全体に注意することもできますが、そのようにして文字を書くのはとても疲れる作業だったように思います。先端に全神経を集中させなければならない作業がとても疲れる人とは正反対だと想像していただくとわかりやすいかもしれません。

これは私だけかもしれませんが、先端にすべての意識を集中させるような細かな作業は実際得意でした。対象に意識を向けると自然とそうなるため、特に気を使って作業せずとも細か

い作業を何時間でも持続して行うことができます。例えば下書きのある切り絵や、紙を切り出すペーパークラフトなどは、一日継続してすることができます。

**デッサンを描く要領で、パソコンの
アプリも利用して課題克服**

ここ数年でやっと全体のバランスを考えたノートをとることができるようになってきました。できるようになった要因にいくつか思い当たるものがありますので、大きく二つ記しておきます。

一つは絵をうまく描くための練習を行ったことです。バランスのとれていない絵で、顔だけが大きかったり、手や足、目の大きさなどが左右で異なったりといった現象も、細部に注意が集中しすぎた結果ではないかと思っています。

大学4年の春休みに練習としてデッサンや静物の鉛筆画、イラストの模写などを毎日やっていました。数か月かけて描くうちに全体に注意を向けながらペンを走らせることに慣れていきました。

後に紙のノートをとる際に、ペン先だけでなく全体に意識を向けながら文字を書くことに強く生きる経験だったのではないかと私は考えています。

二つ目は、アプリケーションでのノートです。大学入学後、紙のノートはうまく書けないので、パソコンのアプリケーションを利用して講義の内容をノートにしていました。

そのアプリでは、tabでの字下げ、太さ、大きさ、文字色、下線、箇条書きなどの機能があり、それらを自然と利用するようになりノートを見やすくするコツを身に着けることができました。

大学4年の時に紙のノートをとる必要に迫られ、何冊かノートを書いたとき、デッサンで得た注意力や、パソコンでのノートで得たコツを生かして、以前と比べればかなり見やすい手書きのノートがとれるようになりました。

進学支援について情報が得られる公的サイト

高等学校でキャリア教育・進路指導を行ううえでは、発達障害のある人の進学について教員が情報を得ることが大切です。ここでは、発達障害のある人の進学支援について情報が得られる主な公的サイトを紹介します。

＜進学後の生活についてイメージする＞

日本学生支援機構ホームページ

学生生活の支援について、次のようなさまざまな情報が提供されています。

コンテンツ例	内容
障害学生支援	・イベント・セミナー ・調査及び事例集 　＊「障害のある学生の修学支援に関する実態調査」「障害のある学生への支援・配慮事例」など ・情報提供 　＊「教職員のための障害学生修学支援ガイド」「合理的配慮ハンドブック」など
大学・機関の動向	・教職員向けの研修や学生対象の各種イベント、取り組みなどの情報

＜進学後の生活や就労について考える＞

発達障害ナビポータル

国立障害者リハビリテーションセンター（発達障害情報・支援センター）と国立特別支援教育総合研究所（発達障害教育推進センター）の両センターが共同で運用する発達障害に関する情報に特化したポータルサイトです。

「ご本人・ご家族」向けのページと、「支援機関の方」向けのページがあり、次のような情報が提供されています。

コンテンツ例	内容
「ご本人・ご家族の方」向け	・「乳幼児期」「学童期・思春期」「青年期・成人期」「保護者・家族向け」「働く」「暮らし」「特集」等の項目で情報提供されている。 　＊「青年期・成人期」では、「大学生活」という項目あり
「支援機関の方」向け	・「教育」「医療・保健」「福祉」「労働」等の項目で情報提供されている。 　＊「教育」では、「青年期・成人期の気づき（大学進学者向け情報を含む）」という項目あり

このように、公的サイトだけでも、進学支援についてさまざまな情報を得ることができます。一度サイトを見てみることで、どのような情報が手に入るのかを知っておきましょう。また、具体的に知りたいことがあるときは、各ページ内のキーワード検索を使うのも効果的です。

図　発達障害ナビポータル・トップページ

【資料】進学時に役立つガイド・資料等の紹介

「パート３　高等学校での実践例から」の内容に補足してお伝えしたい、ガイドや資料を紹介します。

＜障害のある生徒等へのキャリア教育・進路指導に向けて＞

各自治体から、実践の参考となる事例や指導のポイントが資料としてまとめられています。進学支援に向けたヒントも得られます。

◆滋賀県発達障害者支援地域協議会「発達障害のある人の支援をつなぐ好事例」 　2019（平成31）年３月

◆滋賀県（厚生労働省　発達障害児者支援開発事業）「高校・大学における在学中 　および卒後も見すえた発達障害者早期支援プログラム支援アイデア集」 　2018（平成30）年３月

◆三重県教育委員会「高等学校支援ハンドブック」 　2014（平成26）年３月

情報の引継ぎの視点が参考となります。

◆栃木県教育委員会「高等学校から進路先への支援情報の引継ぎ〜卒業後も、必 　要な支援を受けながら自立し社会参加していくために〜」 　2020（令和2）年３月

◆栃木県教育委員会「高等学校から進路先への支援情報の引継ぎ〜本人主体の引 　継ぎの実施に向けて〜」 　2018（平成30）年３月

各大学から、進学に向けて、参考となる資料が出されています。

◆広島大学アクセシビリティセンター「障害のある高校生のための大学進学ガイド」
　2020（令和2）年10月発行（第10版）　

◆岡山大学学生支援センター障がい学生支援室「障がいのある高校生への岡山大学
　進学ガイド　大学進学・サポートに関するQ＆A」　

＜その他＞
　文部科学省から、中学校及び高等学校におけるキャリア教育の手引きが出されています。実践
も紹介されており参考となります。

◆文部科学省「中学校・高等学校キャリア教育の手引き」
　2023（令和5）年3月　

「パート3」引用・参考文献

国立特別支援教育総合研究所（2022）：発達障害者支援のための教育と福祉の連携・協働に係る取り組み．国立特別支
　援教育総合研究所ジャーナル第11号．
文部科学省（2010）：生徒指導提要．
　https://www.mext.go.jp/a_menu/shotou/seitoshidou/1404008.htm　（2023年6月8日閲覧）
文部科学省（2017）：発達障害を含む障害のある幼児児童生徒に対する教育支援体制整備ガイドライン．
　https://www.mext.go.jp/a_menu/shotou/tokubetu/1383809.htm　（2923年6月8日閲覧）
文部科学省・厚生労働省（2018）：家庭と教育と福祉の連携「トライアングル」プロジェクト報告．
　https://www.mext.go.jp/a_menu/shotou/tokubetu/material/1404500.htm　（2023年6月8日閲覧）

キャリア教育・進路指導の充実に向けて参考となる資料

本書の理解を深めるうえで参考となる資料を紹介します。

今後の高等学校教育の展望について理解を深めるために

　文部科学省から、2020 年代を通じて実現すべき「令和の日本型学校教育」の姿がまとめられています。また、その前段階で出されている高等学校教育の WG の報告も参考となります。キャリア教育・進路指導を行う前提として押さえておけるとよいでしょう。

◆中央教育審議会答申「令和の日本型学校教育」の構築を目指して～全ての子供たちの可能性を引き出す、個別最適な学びと、協働的な学びの実現～
2021（令和3）年1月26日（同年4月22日更新）

◆文部科学省「新しい時代の高等学校教育の在り方ワーキンググループ（審議まとめ）」～多様な生徒が社会とつながり、学ぶ意欲が育まれる魅力ある高等学校教育の実現に向けて～
2020（令和2）年11月13日

障害のある生徒に対する指導・支援について理解を深めるために

　文部科学省の検討会議では、通常の学級に在籍する、発達障害を含めた障害のある児童生徒へのより効果的な支援施策の在り方について報告が出されています。キャリア教育の重要性についても触れられています。

◆文部科学省「通常の学級に在籍する障害のある児童生徒への支援の在り方に関する検討会議報告」
2023（令和5）年3月13日

　障害のある生徒に対するキャリア教育・進路指導では、障害特性を踏まえた指導・支援が重要となります。教育支援の手引きでは、障害種別に指導・支援の基本知的知識がまとめられており、参考となります。

◆文部科学省「障害のある子供の教育支援の手引～子供たち一人一人の教育的ニーズを踏まえた学びの充実に向けて～」
2021（令和3）年6月

学校段階での指導は、進路先に引き継ぐことが重要です。文部科学省の通知では、「個別の教育支援計画」の活用・引継ぎの必要性や留意点について確認することができます。

◆文部科学省「学校教育法施行規則の一部を改正する省令の施行について（通知）」
　2018（平成30）年8月27日

就労支援について理解を深めるために

　厚生労働省から、障害のある生徒の卒業後の進路に関する連携について通知が出されています。高等学校と就労支援機関との連携についても触れられています。

◆厚生労働省「障害者雇用・福祉施策の連携強化に関する検討会報告書」
　2021（令和3）年6月8日

◆厚生労働省「「障害者の雇用を支える連携体制の構築・強化」の改正について」
　2018（平成30）年4月2日
　＊文部科学省事務連絡

　厚生労働省から、新規高等学校卒業者の離職状況が毎年報告されています。
　「高等学校就職問題検討会議」では、新規高等学校卒業予定者の就職内定状況や、就職活動の現状と翌年度に向けた課題及び早期離職に関する状況等が検討されています。

◆厚生労働省「新規学卒就職者の離職状況（平成31年3月卒業者）を公表します」
　2022（令和4）年10月28日

◆厚生労働省「第32回高等学校就職問題検討会議」
　2023（令和5）年2月7日

　労働政策・研究研修機構では、高等学校に対し進路指導に関する調査を実施しています。学校種による進路指導の違いや、指導にあたっての課題など、学校で進路指導に取り組む上での留意点を確認でき、指導の参考となります。

◆労働政策研究・研修機構「高等学校の進路指導とキャリアガイダンスの方法に
　関する調査結果」
　2017（平成29）年3月

※各データは今後、更新・変更・削除される可能性があります。

「学習指導要領の改訂の背景－キャリア教育・進路指導の充実に向けて－」

　ここでは、学習指導要領の改訂の背景として知っておいてほしいことを資料としてまとめています。今後、わが国は、「予測が困難な時代」を迎えます。今後の社会を見据えつつ、学校において、生徒にどのような力をどのように育んでいくか、考えていく必要があります。

今後対峙する「予測が困難な社会」を見据えた議論

学習指導要領等の改訂に向けた経緯

　国が学習指導要領を改訂する際には、教育の現状と課題を整理するだけではなく、今後の社会の変化を踏まえ、どのような要素が新しい学習指導要領に必要となるのか、文部科学大臣が中央教育審議会に対して諮問し、中央教育審議会が議論した内容を整理し「答申」という形で示すことが通例となっています。現行の学習指導要領の改訂に際しても同様の手続きが取られましたが、このたびの改訂に際しては、学校種ごとや各教科等の議論を行う前に、中央教育審議会に教育課程企画特別部会をおき、学習指導要領を踏まえた教育を受けた子どもが社会に出ていくであろう2030年頃の社会をイメージすることから議論が始められました。

「予測が困難な社会」の到来

　学習指導要領の改訂に向けた議論において、その時々で表現は変わってはいますが、2030年頃のわが国の社会は、「予測が困難な社会」であることが共通理解されました。本書で触れた、高等学校学習指導要領の「前文」に示されている「様々な社会的変化」は、こうした議論が踏まえられたものです。議論においては2030年頃に顕著になってくるであろう社会の姿として、ますますグローバル化が進展した社会、機械化やAIの普及・進展、技術革新などにより生活が質的に変化した社会、そして、わが国が世界各国の中でも最も早く対峙するであろう少子高齢社会（生産年齢人口が減少した社会）などについて、統計資料や最新の研究の知見などに基づき議論が進められました。

「予測が困難な社会」を見据え求められる取り組み

　「予測が困難な社会」においては、私たちがこれまで対峙したこともないような新たな社会課題や変化に向き合い、国民総動員 で乗り越えていく必要があります。この視点で整理された「力」が、学習指導要領で示された「資質・能力」であると捉えられます。また、これからの社会は、「これまでこの方法でやってきたから」「これまで上手くいったから」といった前例踏襲主義では解決しきれない社会となります。とりわけ「前年度踏襲主義」と揶揄されることも多い学校現場においては、本当に現在の取り組みで良いのか、これからの社会に通用するものとなっているのかなどについて、地域と一体となって確認していく取り組みが必要となります。このことが、本書で触れた、学習指導要領の「前文」における「社会に開かれた教育課程」の重要性に関する記述につながっていると考えられます。

改めて確認する「学校」の意義

　学習指導要領の改訂に向けた議論においては、「学校」の意義という「そもそも論」についても確認がなされました。この議論では、「学校とは、社会への準備段階であると同時に、学校そのものが生徒や教職員、保護者、地域の人々などから構成される一つの社会である」ことや、「生まれ育った環境に関わらず、また、障害の有無に関わらず、様々な人と関わりながら学び、その学びを通じて、自分の存在が認められることや、自分の活動によって何かを変えたり、社会をよりよくしたりできることなどの実感をもつことができる」ことなど、改めて学校教育の意義について確認されました。このことは、いみじくも私たちがここ数年間で経験したコロナ禍の中で、改めて再確認された学校の意義とも通じる考えでした。学習指導要領を踏まえたこれからの学校教育においては、発達障害はもとより生徒の多様性を尊重した教育と、社会に開かれた教育課程の具現化を図っていくことが重要です。

資質・能力を育む学習過程の充実に向けて

　中央教育審議会教育課程企画特別部会（2015）の「論点整理」では、生徒の学習過程について、次のように示されています。

　学びを通じた子供たちの真の理解、深い理解を促すためには、主題に対する興味を喚起して学習への動機付けを行い、目の前の問題に対しては、これまでに獲得した知識や技能だけでは必ずしも十分ではないという問題意識を生じさせ、必要となる知識や技能を獲得し、さらに試行錯誤しながら問題の解決に向けた学習活動を行い、そのうえで自らの学習活動を振り返って次の学びにつなげるという、深い学習のプロセスが重要である。また、その過程で、対話を通じて他者の考え方を吟味し取り込み、自分の考え方の適用範囲を広げることを通じて、人間性を豊かなものへと育むことが極めて重要である。

　本書の中でも触れたとおり、わが国の学校教育においては、生徒が同じ空間で時間を共にすることで、お互いの感性や考え方等に触れ、刺激し合うことの重要性が大切にされてきましたが（文部科学省初等中等教育局教育課程課, 2021）、このたびの学習指導要領の改訂においてもよ

り重視され、「主体的・対話的で深い学び」として示されました。こうした学習過程は、キャリア教育・進路指導に関わる資質・能力を育む上でも重要となります。

予測が困難な社会と学校教育のつながりのイメージ

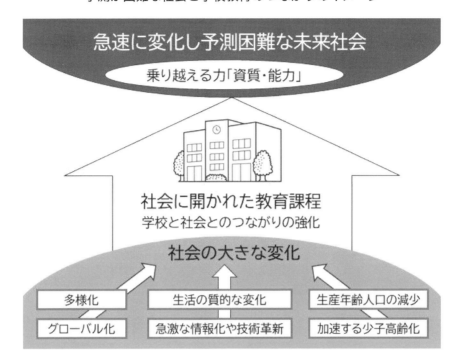

巻末資料　引用・参考文献

文部科学省初等中等教育局教育課程課（2021）：学習指導要領の趣旨の実現に向けた個別最適な学びと協働的学びの一体的な充実に関する参考資料.
中央教育審議会教育課程企画特別部会（2015）：教育課程企画特別部会における論点整理について（報告）.

|||||||||||||||||||||||||||||||||| あとがき ||||||||||||||||||||||||||||||||||

　高等学校における特別支援教育の推進については、2007（平成19）年度以降、校内体制の整備が進められており、校内委員会の設置や特別支援教育コーディネーターの指名といった基礎的な体制が整えられています。あわせて、高等学校における特別支援教育については、通常の学級において障害の状態等に応じた適切な配慮が最大限行われることが重要であり、さらに「通級による指導」などの個別的な指導が行われることにより、その充実が図られています。

　高等学校における障害のある生徒の進路指導については、中学校や高等学校卒業後の進路先との連携や、周囲に自ら援助を要請することも必要になります。このために、発達障害のある生徒と教員、支援者がその生徒の得意なこと・苦手なことの気づきを共有するなど、丁寧な対話の積み重ねによる自己理解を促すことが重要になります。生徒一人一人の教育的ニーズに即したよりきめ細かい教育を提供する観点から、「個別の教育支援計画」や「個別の指導計画」に加え、「キャリア・パスポート」の作成・活用が効果的な指導につながると考えられます。

　進学をする生徒の中には、それまで生活していた地域と異なる地域で生活を始める場合があります。この場合、在学中の支援担当者や、その後の就労に向けたハローワークや、障害者就業・生活支援センター、ＮＰＯ等の関係機関とのネットワークを構築しておくことが必要です。高等学校在学中からこれら支援機関の利用について、方法や内容等について指導しておくことで円滑に就労先につながると考えられます。

　本書は、高等学校の教員、教育委員会の職員として勤務経験のある者や、障害のある生徒のキャリア教育・進路指導に関する研究に尽力している者による共同執筆です。このことから、国の施策の意図や背景となる状況を踏まえ、発達障害のある生徒の進学、その後の就労を見据えた指導や支援の参考となる内容をまとめることができました。本書が発達障害のある生徒と関わりのある教員をはじめ、多くの支援者にとって基盤となる資料として周囲と連携・協働するために活用されることを期待します。

2023（令和5）年10月

井上 秀和

|||||||||||||||||||||||||||||||||| 謝辞 ||||||||||||||||||||||||||||||||||

　本書の刊行にあたり、執筆者の皆様には、細かなオーダーに対し丁寧かつ柔軟にご対応いただき、心より御礼申し上げます。

　また、イラストの作成に向けては、岩田成美氏（イラスト検討）、谷川美子氏（イラストデザイン）、佐藤恵子氏（イラスト加工）にお力添えをいただきました。

　最後に、本書の刊行に向けた進捗管理や編集作業でご尽力くださった出版・編集工房 池田企画の池田正孝氏、より良い形での書籍刊行の実現に向けてご尽力くださった学事出版株式会社の三上直樹氏に感謝申し上げます。

執筆者一覧

■編著者

榎本　容子
（えのもと　ようこ）

独立行政法人国立特別支援教育総合研究所　発達障害教育推進センター　主任研究員
広島大学大学院教育学研究科修了。博士（教育学）。
国立障害者リハビリテーションセンター研究所、独立行政法人高齢・障害・求職者雇用支援機構等を経て現職。教育・労働現場での実務経験も有する。
発達障害等のある子どものキャリア教育・就労支援に関わる教材開発、プログラム開発等に関する基礎的・実践的研究に取り組む。

井上　秀和
（いのうえ　ひでかず）

独立行政法人国立特別支援教育総合研究所　発達障害教育推進センター　総括研究員
宮崎大学大学院工学研究科修了。修士（工学）。
公立高等学校、公立特別支援学校教員、教育委員会等を経て現職。
高等学校の特別支援教育、通常の学級に在籍する発達障害等のある子どもの指導や支援に関する基礎的・実践的研究、教育委員会の施策展開等に関する研究に取り組む。

■執筆担当者（五十音順）

安藤　美恵
（あんどう　よしえ）

国家資格キャリアコンサルタント、シニア産業カウンセラー（元　大学職員）
実務経験をもとに、発達障害のある学生へのキャリア支援研究にも取り組む。

井戸　智子
（いどう　ともこ）

名古屋大学心の発達支援研究実践センター　招聘教員
障害学生の教育から労働への移行に関する実践的研究と大学と企業との連携に取り組む。

宇野　宏之祐
（うの　こうのすけ）

北海道札幌聾学校　教頭
共生社会の具現化に関する実践的研究に取り組む。

辛島　育代
（からしま　いくよ）

一般社団法人みやざき子どもサポートリンク　代表理事
多様な学びを支援する人財育成事業・多職種連携ネットワークとパートナーシップ構築の実践に取り組む。

佐藤　利正
（さとう　としまさ）

独立行政法人国立特別支援教育総合研究所　インクルーシブ教育システム推進センター主任研究員
通級指導を含めた高等学校における特別支援教育に関する調査研究に取り組む。

清野　絵
（せいの　かい）

国立障害者リハビリテーションセンター　研究所障害福祉研究部心理実験研究室　室長
医療や福祉のサービスや支援方法および就労支援の実証研究に取り組む。

知名　青子
（ちな　あおこ）

独立行政法人高齢・障害・求職者雇用支援機構　障害者職業総合センター　上席研究員
発達障害者の職場定着支援と仕事を通じた自立をテーマに日々探求している。

若林　上総
（わかばやし　かずさ）

宮崎大学教育学部　准教授
発達障害のある高校生の行動支援や、全校的支援体制の整備の研究に取り組む。

＊各執筆担当項目については、もくじを参照してください。

発達障害のある高校生の
キャリア教育・進路指導ハンドブック　進学支援編

2023年10月10日初版第1刷発行

編著者　　　榎本容子 井上秀和
発行者　　　安部英行
発行所　　　学事出版株式会社
　　　　　　〒101-0051　東京都千代田区神田神保町1-2-5
　　　　　　電話03-3518-9655
　　　　　　HPアドレス　https://www.gakuji.co.jp

企画　　　　三上直樹
編集協力　　出版・編集工房　池田企画
印刷・製本　研友社印刷株式会社

©榎本、井上,2023.Printed in Japan
乱丁・落丁本はお取替えします。
ISBN978-4-7619-2967-1 C3037